日本一笑顔になれるお葬式

是枝嗣人
クローバーグループ　小金井祭典

大切な人が亡くなる前に知っておきたい葬儀の本当のハナシ

扶桑社

小金井祭典が手がけた「笑顔になれる」お葬式の数々

祭壇を真っ赤なバラで飾ったお葬式

真っ赤なバラで飾る。喪主を務める奥様の望みで、ご主人のトレードマークだったバラで式場を彩った。その人らしいおみおくりのために、お葬式は自由であってよい

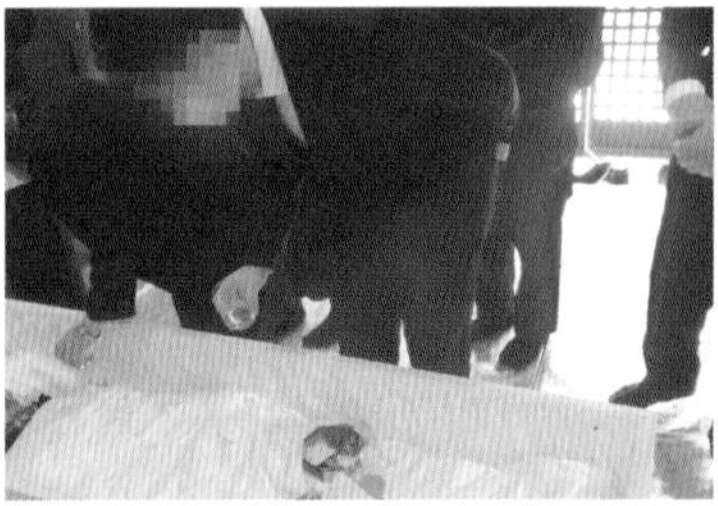

棺にお酒をなみなみと注ぐお葬式

「オレが死んだら、ウイスキーに浸せ」。お酒が好きだったおじいさんの遺言を守り、棺の中をフランスの焼き菓子「サヴァラン」のようにウイスキーでひたひたに

バイクのエンジン音で出棺するお葬式

バイク事故で亡くなった若い男性の葬儀。趣味のグッズが並ぶ。出棺の際は、「バイクが悪いんじゃない」と、愛車だったバイク3台のエンジンを吹かしながらのお別れとなった

書道研究家の書斎を再現したお葬式

筆や道具類などを実際に飾るのはご家族にお任せし、「おじいちゃんはいつも筆をこういう風に綺麗に置いていたよなあ」と“その人”らしさまで再現

小金井祭典の紹介

温かな雰囲気の家族葬専用「クローバーホーム川上」のリビング、ホール（写真[1][2]）。小金井祭典のスタッフたち（写真[3]）。気軽に立ち寄っていただきたいサロン「ちょっと訊ける場所　めぐる」（写真[4][5]）

1

3

2

5

4

日本一笑顔になれるお葬式

大切な人が亡くなる前に知っておきたい葬儀の本当のハナシ

はじめに　絶対に訪れる「そのとき」のために

　みなさんはお葬式にどのようなイメージを持っていますか？

　悲しさ、寂しさ、つらさといった心の負担を思い浮かべた人や、費用が高い、勝手にオプションをつけられるなど、お金に関する心配を感じた人もいるかもしれません。または、マナーやしきたりが多くて堅苦しいと思っている人もいることでしょう。よいイメージを連想した人はあまりいないと思います。

　当然ですよね。大切な人が亡くなったわけですから。もしあなたが喪主を務める立場だったら、なおさらでしょう。

　旅立たれた直後から、「ご遺体はどこに運ぶの？」「葬儀社はどこにするの？」「お葬式には誰を呼ぶ？」と、悲しんでいる暇もないほど、決めることはたくさんあります。

そのときに頼るべき存在が、葬儀社です。

亡くなった知らせを受けると、葬儀社は病院にお迎えに行きます。ご遺体の安置先を決め、それからご家族とお葬式の打ち合わせをし、すぐに通夜、葬儀、告別式、火葬となります。その間は短ければ30時間、長くても100時間ほどしかありません。喪主がわからないこと、不安なこと、困っていることなどを全面的にサポートするのが葬儀社の役割です。

しかし、頼るべき存在であるはずなのに、実際には信頼関係を築けぬまま、お葬式に臨むこともあります。

それもそのはず。多くの喪主さんはお葬式が必要になってから、初めて葬儀社の担当者に会うのです。担当者の人間性すらわからないのに、うまくコミュニケーションがとれるはずがありません。

ただでさえ、自分の頭のなかは真っ白。いつもとは違って判断力が鈍っている状態で、打ち合わせをして、納得できるお葬式の内容を詰めるのは、とても難しい作業です。

その結果、言われるがままにお葬式のプランを組んでしまい、「ご遺体と対面できたのは火葬場での5分間だけだった」「お父さんが好きだった音楽をかけさせてもらえなかった」「え？　こんなにお金がかかるの？」などと、後悔する声が後を絶たないのです。

もちろん、担当者だってよかれと思ってのことでしょうが、お互いの意思疎通もままならないなかで葬儀を執り行えば、やはり困ったことが出てきます。

そうしたことが、お葬式のイメージをさらによくしていないのでしょう。

しかし世の中には、参列者がホロリと涙を落としたあと、なぜか笑顔になれるお葬式もあります。

その人らしく生きた人生の最期を、その人らしく「おみおくり」できたと遺族が思えるお葬式です。

お葬式を作り上げた一体感の感動から、火葬場で思わず拍手が湧き起こることもあります。

そんなお葬式は見たことないと思われるかもしれませんが、本当のことです。なぜなら、実際に私が手がけたお葬式なのですから。

お葬式とは「ジンジャーエール」のようなもの

ご挨拶が遅れました。

私は東京の小金井市で、小金井祭典という葬儀社を営んでいる是枝嗣人《これえだつぐと》と申します。大学在学中の20歳のときに葬儀業界に飛び込み、かれこれ22年が経ちます。身寄りのない人から、数千人が参列する著名人の葬儀まで、さまざまなお葬式を3000件以上手がけてきました。地元の小金井に根差しながらも、全国各地からお葬式を手がけてほしいと頼まれるようになり、今では日本中を飛び回っています。

そのなかで感じてきたのは、お葬式が多くの人に誤解されているということです。

お葬式の正しい知識を広めるために、3年前からCRT栃木放送でラジオ番組「是枝つぐとのおみおくり百科」を毎週放送しています。

番組には、訪問診療によって在宅での看取りを支援している医療法人五麟会の町田穰理事長、浄土宗蓮宝寺の住職であり、大正大学の研究員で自死・自殺に向き合う僧侶の会のメンバーでもある小川有閑上人、葬儀業界からは東証一部上場企業の「鎌倉新書」さん、

ＩＴでライフエンディング・プラットフォームを目指しているベンチャー企業の「よりそう」さんなど、多彩なゲストをお迎えしています。ゲストと共に、お葬式に関する悩みや疑問に答えるだけではなく、お葬式から見える社会問題、地域コミュニティの弱体化、葬儀業界の未来など、さまざまな話題を語り合っています。

常々、私は「お葬式はジンジャーエールみたいなもの」と言っています。

ジンジャーエールの代表的なブランドであるカナダドライのペットボトルをコンビニで買えば、だいたい１５０円です。でも、スーパーでは88円で売っていますし、あまり知られていないブランドなら38円で買えます。

これが映画館やボーリング場では２００円になり、ホテルのバーでは５００円になります。同じメーカーが作っているから中身は一緒。どこで売るかで値段が大きく変わるのです。

単位を「万円」にすれば、ちょうどお葬式の値段です。

現在、スマホ一つで決められる格安葬儀は38万円からあります。従来の一般的なお葬式は、同じ葬儀内容でも葬儀社によって88万〜200万円と大きな幅があります。

ただ、ジンジャーエールの味が値段だけでは決まらないのと同じで、いいおみおくりができたという気持ちになれるかどうかも値段では決まりません。

人の一生はそれぞれ違うのですから、その人に合ったお葬式だってみな違うはずです。

そこで私は「一緒に自家製ジンジャーエールを作りませんか？」と、ご家族に提案します。市販のジンジャーエールでも蜂蜜やスパイスを加えたりすれば、オリジナルなジンジャーエールになります。費用だって、コンビニで買うジンジャーエールとさほど変わらずに作れます。

お葬式も同じ。絵を描くのが好きだった故人なら招待状に故人の描いた猫の絵を載せてみたり、音楽好きな方だったならDJのお孫さんに音楽を選曲してもらったりと、ひと手間加えることでオーダーメイドのお葬式になります。

私たち小金井祭典は、下ごしらえからパッケージまで考え、オリジナルのジンジャーエールを作るお手伝いをするのが得意です。

こだわりのある人でしたら、自分で生姜を育て、日本アルプスから水を汲んで、カナダ産の蜂蜜でジンジャーエールを作るかもしれません。でも、なかなかそこまではできないですよね。そんなときは、市販のジンジャーエールに「うちはコショウを入れたよ」「山椒を入れてみたんだ」というように、何か一つでもスパイスを加えてもらえば、それで世界に一つだけのジンジャーエールになります。

最期まで自分らしく丁寧に生きた方の人生ならば、お葬式に一つだけでもスパイスを加え、その方らしくみおくって差し上げませんか。

心にポッカリと空いた「穴」の正体

旅立つ側の人のなかには、お葬式をしなくてもいいと考える方もいることでしょう。できるだけ遺族の負担にならないように、手間やお金をかけさせたくないという気持ちは十分にわかります。

ただ残された人たちの気持ちを想像したことはありますか？　大切な人、身近な人が亡くなれば、心にぽっかり穴が空いてしまいます。

故人と一緒に多くのものを失ってしまうのに、「喪主は気丈に振る舞わなければならない」「泣いてばかりいたら余計にあの人が悲しむ」といった固定観念や、地域社会の風習がフタのように覆いかぶさって、感情を外に出せずに苦しい状態にもなります。

これを英語では「グリーフ」（grief）といいます。心理学的に説明すると「喪失体験をしたときに湧き上がってくるさまざまな感情や思いを、外に出せずに閉じ込めている状態」です。

このグリーフから立ち直るためには、心おきなくおみおくりができたかが、とても大切になります。葬儀社の仕事は、祭壇をこしらえたり、弔問客の案内をしたりするだけではありません。このグリーフサポートこそが、葬儀社の新しい使命だと思います。

グリーフサポートは米国では一般的ですが、日本ではまだまだ馴染みがありません。グリーフサポートの重要性をもっと多くの人に知ってもらいたいと思っています。


そして現在は、スマホ一つで葬儀社が選べる時代です。大切な人が亡くなった混乱のなか、スマホで値段だけを見てパッケージされたお葬式に決めてしまうのでは、十分なおみおくりはできません。もしお葬式でさらに心残りが増えれば、故人に対する後悔の気持ちを一生抱き続けることになるかもしれません。

そんななか、新型コロナウイルスの影響もあり、家族だけで行う家族葬や、通夜・告別式を行わずに病院からすぐ火葬場に運ぶ直葬がこれまで以上に増えています。想像していたお葬式とは違い、こんなはずじゃなかった……そんなお声を、最近、特に耳にします。

小金井祭典には「ちょっと訊《き》ける場所　めぐる」という誰でも気軽に立ち寄れるサロンがあります。ふらりとサロンを訪れる人のなかには、他社であげたお葬式の後悔を話してくださる人もいます。

同じ葬儀社として悔しい気持ちを抑え、ただひとときでも心に寄り添えればと頷いて聞き役に徹します。

すると、少しだけ表情が穏やかになり、「私が死んだら、お葬式は是枝さんにお願いするわ」と言ってくださいます。

「そんなこと言わないで、すこやかにお過ごしください」と、私は見送ります。

これもグリーフサポートの一つだと思い、私はサロン「めぐる」を開いているのです。

この本はいざ「そのとき」を迎えたとき、後悔を減らすための本です。残念ながら「そのとき」は誰の身にも必ず訪れます。だから、あまり考えたくないことかもしれませんが、ほんの少しだけでも普段から考えてほしいのです。

「そのとき」はあなたの大切なパートナーをみおくる日かもしれませんし、ご両親やご親族とのお別れかもしれません。いや、もしかしたらあなた自身のことかもしれません。

そのときに、あなた自身や、あなたをみおくったご遺族の方が悲しみとどう向き合っていくのか——本書がその一助になれば幸いです。

クローバーグループ代表
小金井祭典　是枝嗣人

CONTENTS

第2章
お葬式は「自由」でいい
――お葬式の「やるべきこと」と「やっていいこと」

第3章 悲しみを「正しく癒やす」方法 ——グリーフサポートとは何か?

第4章 お葬式から循環型社会を目指す ——葬儀社とお葬式のホントの話

第5章　大切な人が亡くなる前に

――「そのとき」のために準備しておくこと

［第1章］

「笑顔になれるお葬式」の作り方

――小金井祭典の〝型くずし〟なお葬式

第1章ではまず、私が営む「小金井祭典」がこれまでに手がけてきたお葬式についてご紹介したいと思います。おそらく、あなたが想像している「普通のお葬式」とは、かなり違った趣向のお葬式が出てくるはずです。

なぜなら、小金井祭典ではご遺族の意向を徹底的にヒアリングしたうえで、100人いれば100通りのお葬式を作り上げることを目指しているからです。

なかには私の提案に対して「え、こんなことしていいの!?」と、ご遺族が驚かれることもあります。

まずはお葬式に対する色眼鏡を外してみてください。そして、もっと自由に「自分だったらこんなお葬式をあげたいな」と、想像してみてください。

真っ赤なバラの花を祭壇に飾ってもいい

「真っ赤なバラで祭壇を飾りたい」――。

新型コロナ感染症が流行中の２０２０年春、私はそんなご依頼を受けました。

ご遺族ははじめ、葬儀紹介会社さんに依頼してこのご意向を伝えました。しかしお葬式に飾る花は、ユリ、菊、洋ランなどの白い花が基本です。特にバラにはトゲがあるので「トゲがあるから祭壇に飾ってはいけない」「棺に入れてはいけない」などと思い込まれています。赤いバラを飾って、おみおくりがしたいというご要望を聞いて、紹介会社の窓口であるコールセンターのスタッフはさぞ驚いたでしょう。

小金井祭典では紹介会社からの委託業務も引き受けています。このケースでは、紹介会社から私のところに直接、依頼の電話がかかってきました。

「強いこだわりをお持ちのご遺族のようです。是枝さんにどうしても引き受けていただければと考えまして……」

要は「是枝さん、力を貸してください」ということです。紹介会社が「葬儀でご遺族の思いが強いため、これは大変」と身構えたくなる案件は、どういうわけか私に回ってくるのです。

でも実際には、お葬式に赤いバラを使ってはいけないなんて決まりはありません。私は

「今は品種改良しているので、トゲのないバラもありますよ」「バラの原産地は、一説ではインド。お釈迦様もバラを使っていたかもしれませんね」と、電話口で返答しました。

亡くなられたのは誰もが知る外資系企業の役員さんでした。ご依頼の喪主は奥様。奥様とお会いして話を聞くと、ご主人のトレードマークが赤いバラだったそうです。よく奥様にバラをプレゼントされるロマンチックな方でした。奥様だけでなく、お世話になった方や友人にも、感謝の気持ちを伝えるときにはいつも赤いバラを贈っていらしたとのこと。参列された方が何処かで赤いバラを目にしたとき、ふとご主人を思いだしてもらえたら嬉しいという思いもあり、お葬式全体のイメージも赤いバラに合わせたいとの依頼でした。

そこでまず私は、菩提寺のことを確認しました。菩提寺のお坊さんから「ダメ」と言われれば、それまでだからです。

奥様に「お墓はどこにありますか?」と尋ねると、「四国です」との答えが。四国のお坊さんは、「コロナもあって東京に行くことが難しい。お葬式は思いが大切なのでお任せします」とおっしゃっているとのこと。これで前提条件はクリアです。

お葬式には、日本の経済界を代表するお歴々が次々に訪れました。みなさん祭壇を埋め尽くす赤いバラに感嘆した様子です。さらに紹介会社の関係者も「手に余る案件」に私がどう向き合っているのかを見学しに来て、口々に「すごいことになっていますね」「感動しました」と声をかけてくれました。

そして棺へのお花入れのときです。白いバラで縁取り、大きな真っ赤なバラをご遺体の上に置いてもらい、最後に私はリボンのかかった一輪の青いバラを差し出しました。

それを見た瞬間、奥様は「うわー」と涙を流しました。

実は、ご主人はここぞというときには青いバラをプレゼントしていたのです。栽培の難しい青いバラは手に入れるのが難しい。葬式のタイトなスケジュールで手配するのは大変でした。奥様もそれを知っていたから、私たちに「青いバラを準備してほしい」とは言わなかったのかもしれません。

でもお葬式で流すスライドショーを見ていると、青いバラをプレゼントしているご主人の姿があり、どうしてもお葬式で使いたいと思い、方々《ほうぼう》を探して準備したのです。

「最後にお棺にこちらを入れてください」と私が言うと、周りの方は「奥様はここまで用意していたのね」と感動しています。奥様はサプライズすることが大好きだったご主人が現れたのかと思い、最後に青いバラを用意してくれていた思いに感謝の気持ちでいっぱいになったそうです。

葬儀後、自宅のマンションで、遺骨を安置する祭壇（後飾り祭壇）に赤いバラを飾っているときも「最後の一本の青いバラはすごく感動したね」と話されていました。そのとき、私は24本の青いバラでつくった花飾りを取り出しました。

「一番奇麗な一本はご主人の胸元に入れてもらいました」

実は私は青いバラを25本用意していたのです。それを見て、奥様は涙目で微笑んでいらっしゃいます。

数日後、マンションに伺うと、「これだけは捨てられない」と、その青いバラをドライフラワーにして、綺麗に飾ってくれていました。

棺の中にウイスキーをなみなみと注ぐ

２０２１年3月、まだ桜が咲く前です。桜が見たかったと言い遺されて、あるおじいさんが亡くなりました。

そのおじいさんはウイスキーが大好きで、「オレが死んだら、ウイスキーに浸せ」と、遺言なのか冗談なのかわからない言葉を残していました。

「おじいちゃんと一緒にお花見したかったよね」というご家族の願いをかなえるため、お寺であげたお葬式では、祭壇にバーっと満開の桜を飾りました。

コロナ対策のため家族単位のオードブルで、座卓を囲んで「お花見、お花見」と棺に眠るおじいさんと桜を眺めながら、通夜は盛り上がっていきます。

そして故人の秘蔵の白い陶器に入っていた貴重な「竹鶴」（孫娘の旦那さんがずっと狙っていたそうです）を飲みだしたのです。子どもも多かったので、そこからは、これほどにぎやかなお葬式はもうないのではないかというぐらいの盛り上がりようでした。

ドンチャン騒ぎで、私も「味見だけですよ。仕事中ですから」と言いながら、少しだけ飲ませてもらいました（笑）。

そして、翌日の葬儀ではおじいさんとの約束を守るために、棺にはウイスキーがなみなみと注がれました。棺の中はもう、シロップを浸みこませるフランスの焼き菓子「サヴァラン」のように、ウイスキーでひたひたの状態です。

最初は、「お棺にお酒を入れても大丈夫なの？」とみなさん驚いた表情をしていました。これから火葬するわけですから、影響があったらどうしようと考えたのでしょう。でも、大丈夫。火葬炉の温度は高温ですから、棺にお酒を注いでも問題はありません。思いっきりウイスキーで浸してもらいました。

お葬式は、これほど自由でいいのです。

おじいさんが願い通りにウイスキーに浸されていくのを見ているご家族の表情がどんどん晴れていきます。「ああ、こんなことをしてもよかったんだ」と、安心されるのです。「これで心ゆくまでおじいちゃんにサヨナラが言える」と笑っていました。

バイクのエンジンを吹かして出棺する

ご遺族の思いを汲み取ってアレンジしたお葬式はこれまでに何度もあります。たとえば、海外で起きたバイク事故で亡くなった若い男性のお葬式です。

故人は多趣味な方で、特にアウトドアが好きだったようです。ご両親が最後は思いっきり息子らしいことをさせてあげたいと大きな式場を借り、お兄様が式場の入り口にキャンプ用のテントを張って、横にバイクを3台並べました。その間を通って、参列者は葬儀場に入っていきます。

式場にはスキューバダイビングの道具とジャズトランペットが飾られています。一つひとつの道具に故人の思い出が詰まっていますから、式場を訪れる人はみな涙していました。

そして式を終え、まさに出棺のときに、霊柩車の運転手さんが「バイクのエンジン音でおくるのはどうですか?」と提案してきました。この運転手さんもバイクが趣味で、式場に飾ってあった故人の出場レースの写真を見て、自分もかつて出ていたと教えてくれました。

ちょうど霊柩車を出すため、お兄さんにバイクを片付けてもらっていたので、お兄さんに相談すると、「そうしましょう」と賛同してくれました。

バイク事故で大切な人を亡くしており、バイクのエンジン音を聞けば嫌な思いをする人もいるのではないかと心配になりましたが、ブンブンッとうちのスタッフが3台のバイクを空吹かしさせていると……。それを見ていた女性が泣きながら、「私にもバイバイさせてください」とアクセルを回します。「彼はバイクが好きだったんです。バイクが悪いんじゃない」と涙を流していました。

私だけではバイクのエンジン音での出棺は思いつかなかったでしょう。お花屋さん、料理屋さん、霊柩車の運転手さんなど、協力会社の人たちみんなで考えることで、いいお葬式になりました。日頃から私は、こうしたらいいというアイデアがあればいつでも教えてくださいと周囲のスタッフに言っています。まずは全部受け止める。それから自分のなかで噛み砕いて考え、できないときにはすぐに「ごめん。今回は無理だね」と答え、どうしてダメなのか理由を伝えます。一つひとつのアイデアを、ご遺族の心情、スケジュールや予算をもとに、取り入れるかどうか私が判断します。

それを知っているから、霊柩車の運転手さんはとっさに私に提案してくれたのです。

私だけの発想ではどうしても偏ってしまうので、「日本一笑顔になれるお葬式」のために、こうしたいろいろなアイデアを取り入れてきました。

故人の部屋を、祭壇の横に再現する

お葬式で亡くなった方の部屋を再現したこともあります。

故人は小金井祭典の近所に住んでいた方で、書道研究家でした。当初、ご遺族は「家族だけで静かにおみおくりしたい」と望まれていました。実際に知人などを呼べば８００人は参列者が訪れるというのです。

こういう場合、生前に故人の世話になった方々が、あとから「お線香だけでもあげたい」とひっきりなしにご家庭を訪ね、かえって負担が増えてしまうことをお伝えしました。ご家族もそのことを気にかけており、お葬式が終わってから、日を改めてお別れ会を催す予定だったようです。

そこで「ご家族と親戚で何人ぐらいになりますか？」とお尋ねすると、「約60人」という答えが返ってきました。その人数ではさすがにご自宅では難しいので、小金井で一番大きなお寺を借りました。

ご家族は「たくさんの書を飾りたい」とのことでしたが、お別れ会もあるので、葬儀にそこまで予算をかける予定はありません。そこで私は、「書をスクリーンに映すのはどうでしょう？　そして、お父様の書斎をそのまま再現してみてはいかがですか？」とご提案。喜んで受け入れてもらえました。お孫さんが美大生で、卒業制作のテーマが、亡くなったそのご祖父。その折のインタビュー映像もスクリーンで流しました。

故人の書斎を再現する際、筆や道具類を運ぶのは私たちもお手伝いしました。でも、実際に飾るのはご家族にお任せしました。預かった思い出の道具類を飾ることは簡単です。でも、私たちが飾ると、書斎を綺麗に再現はできても、〝その人らしさ〟までの再現はできません。それができるのは、ご家族だけです。

「おじいちゃんはいつも筆をこういう風に綺麗に置いていたなあ」

「あ、これはおじいちゃんのお気に入りだったね」

ご家族で故人を思い出しながら、みなで手を動かし、再現していくから悲しみや寂しさと向き合うことが自然とできるのです。

そして、打ち合わせをしているうちにご家族は少し人を呼ぼうという気持ちになり、本当に仲の良かったご近所の方々が２００人ほどお葬式に訪れました。

この話には後日談があります。

お葬式の半年後、遺作展が開催されますという案内状が届きました。

お花をお届けし、会場に足を運んでみると、エントランスでお孫さんに突然、「すみません」と謝られました。「なんですか？」と聞いてみると、「いただいたお葬式のデータを勝手に使ってしまいました」と。

小金井祭典ではお葬式で撮影した写真は、すべてデータにして差し上げていますので、ご家族のものです。それを律儀に気になさっていたのです。

会場は先生の人生を順に追っていく展示形式となっており、最後にはご葬儀のコーナーがありました。

そこにお葬式のときの写真が、すごく大きなパネルになって飾られていたのです。みんなでお棺にお花を入れている写真、その正面には私も大きく写っていました。

まさか先生の作品と一緒に、自分も写り込んでいる葬儀の写真を並べてもらえるとは思いもしませんでした。

バラの祭壇、ウイスキーを満たした棺、バイクのエンジン音、書斎の再現など、ご家族の手によって、はじめてオリジナルなお葬式が出来上がります。

「お葬式はジンジャーエールみたいなもの」とたとえたように、私はそれぞれのご家庭に自家製ジンジャーエールの〝隠し味〟を見つけてほしいのです。

そして、そのオリジナルレシピを一緒に作っていくお手伝いができればいいなと、いつも思っています。

オリジナルのお葬式は「喪失感」を癒やすために行う

では、なぜ私がこういったオリジナリティ溢れるお葬式をご提案するのだと思いますか？

それはひとえに、お葬式が終わってからの後悔をなくすこと――言い換えれば、襲い来る喪失感からご遺族の心を守るためです。

多くのご遺族の場合、看取りの段階ですでに〝後悔〟を抱えています。

たとえば、「すぐそばで倒れていたのに発見が遅れてしまった」「遠いところの病院しかベッドが空いておらず、死に目に会えなかった」などです。

ご遺族はそういう後悔の気持ちを抱えながら、お葬式に向き合うことになります。お葬式とは、ある意味、後悔の念を払拭《ふっしょく》するための最後の機会になる可能性があります。

だからこそ、そうした気持ちとできるだけ早く折り合いがつけられるようなお葬式を私たちは心がけています。

「いろいろあったけど、最後は笑顔でおみおくりできたよ……」

そう思ってもらえるのが、私たちの目指す「日本で一番笑顔になれるお葬式」なのです。

お葬式で笑うなんて不謹慎だ、と思われますか？

もちろん私たちだって、わざと笑わせようとすることはありません。

ただ、いいおみおくりができていると、自然とご家族の笑みがこぼれる場面が多くあります。それは大切な人を亡くした喪失感で感情にフタをしている状態（グリーフ）から、フタを開ける作業（グリーフワーク）がうまくできたからです（グリーフについては第３

章で詳しくお話しします）。

お葬式では泣かなければならない、笑ってはいけないという決まりはありません。大切なのは抱いている感情を無理に隠さないことです。自身のグリーフケアができていれば、その後も故人との繋がりをより深く感じることができます。

お葬式が終わってからも供養は続きます。供養は一方通行ではなく、両通行で故人と繋がっていきます。お線香を手向《たむ》けたり、鈴《りん》を鳴らしたり、伝統的な作法で故人との繋がりを感じる方も多いでしょう。

既存の作法やルールだけでなく、オリジナルのお葬式ができれば、ふとした瞬間にその人のことを思い出せる機会が増えます。

先ほど紹介した、ウイスキーを棺に注いだお葬式なら、何年経っても、ご家族がついウイスキーをこぼしてしまったとき、「ああ、もしかしたらおじいちゃんがあんまり飲みすぎるなよと言っているのかも」と、お葬式を思い出して、おじいさんのことを考えるかもしれません。そんなとき、自然と笑みがこぼれるのではないでしょうか。

お盆などの先祖供養の行事の際に、しっかり思い出すことも大切です。でももしオリジナルレシピのジンジャーエールが作れたら、いつでも、仏壇がなくてもお墓がなくても、大切な故人と家族だけのオリジナルな供養のしかたで繋がっていられるのです。

「型くずし」と「型なし」の違い

「葬儀業界の異端児」「型破りなお葬式」と、私はよくメディアで紹介していただきます。しかし、私はいつもサプライズに満ちたお葬式を手がけようとしているわけではありません。スタンダードなお葬式を手がけるほうが多いのは当然ですし、そもそも葬儀社は黒子でなければなりません。

主役はご家族とおくりだされる人。そこに宗教者が加わることも多くあります。この三者の合意形成のもとで、型に沿った丁寧なおみおくりができます。

私は茶道を嗜《たしな》んでいるので、型というものをよく勉強してきました。型は本質に通じています。たとえば茶道では、畳の十六目のところに座りましょう、物は何々目のところに置きましょう、ということが決まっています。それはなぜか？　無駄をすべてそぎ落とし、手順をシンプルにしたかたちが美しいからです。その型があるから、仮に目が見えなくなっても、畳の縁から何々目と手の感覚でわかり、お茶を点てることができます。

ただ、すべて型通りにやればいいのかといえば、そうではありません。

抹茶のスタートは秋ですから、夏はお茶が古くなり、香りも弱まっています。そこに熱いお湯を注ぐと香りが飛んでしまうので、夏の暑い時期でしたら、茶釜に水差しから水をひと差し入れて温度を下げることもあります。そうすればお茶の風味を飛ばさずに、夏場でもゆったりとお茶を楽しんでもらえるのです。型をしっかりと理解したうえで、型をくずして歓迎するのがおもてなしです。

お葬式でも同じです。まず大事なのは型を知ることです。

型には先人たちの知恵が詰まっています。昔の人がなぜ亡くなってからお葬式までに日数をこれだけ空けたのか、なぜお焼香をするのか、どうして四十九日の法要をするのかなど。実はそれを行うことによって、体調を整える時間であったり、気持ちを整える時間であったり、親戚や友人たちに連絡が行き届く時間だったりなど、随所に工夫が散りばめられています。一つひとつの作法の意味を確認しながら踏襲し、型通りにお葬式を執り行うことが何より大切です。

ですから、葬儀社が勝手な配慮で動くのは、とても危険なことなのです。たとえば、先ほど紹介したお葬式でいえば、青いバラはギリギリのところでした。

1本目の青いバラはご家族との信頼関係のなかで、きっと喜んでもらえるだろうと用意しました。そして、喜んでいただけたから、残り24本のバラをお出ししたわけです。1本目のバラがご家族の心に響かなければ、24本のバラは押し付けにしかなりませんから、出していなかったでしょう。

最近は「型なし」のお葬式をよく見かけるようになりました。

たとえばお骨を飾る祭壇があります。位牌が中心に置いてあって、右側にお骨、左側に写真というのが、スタンダードです。仏さまから見て左側が日本では上位になります。右大臣と左大臣では左大臣のほうが位は上ですよね。

なので、仏さまから見て左側、弔問客からは向かって右側にお骨を、左側に写真を飾ります。

ですが、写真に写る故人の視線や身体の向きによっては、右側に飾ったほうが綺麗に見える場合もあります。それならば、写真を右側に置いてもいいのですが、型を知ったうえで置き場所を交換するのと、知らずにそうするのとでは意味合いが大きく違ってきます。

どちらでもいいのではと葬儀の担当者に言われてその通りにした結果、マナーに厳しい人から「これ逆よ」と怒られてしまうかもしれません。ご家族や参列者はグリーフを抱え、攻撃的になりやすい状態です。でも、そこでご家族が「おっしゃる通り、本当はお骨が右で写真は左です。でも、今回はそれだとお写真が外を向いてしまうのでこうしました。このほうがお母さまが微笑んでいるように見えませんか、と葬儀屋さんが言っていたんです」と言えれば納得してくださいます。

これが「型くずし」と「型なし」の違いです。

「型なし」の例は、特に最近の流行である感動を与えようとするお葬式にも見られます。サプライズ重視で、新しい付加価値を生み出そうとしているのでしょうが、さりげない型くずしとはならず、残念な型なしとなってしまいがちです。

たとえば、花入れの儀で「故人は長野の安曇野の土地で育ち、故郷が大好きでした」と、空のペットボトルを取り出し、「ここに安曇野の空気が入っています」と、棺の中に空気をかける演出があります。感動に結びつく場合もあるでしょうが、何をしているのかわからない人もいるでしょう。私たちにまず求められるのは、30人いるなかの10人を泣かせることではなく、30人をしらけさせないことです。きちんと型を守っていれば、最低限のことはできるはずです。

ほかにもあります。ちょうどお葬式の日が節分だったからと、火葬場で豆を撒いてみたりだとか、故人は馬が大好きだったといって、式場に馬を連れてきた例もあるそうです。

それを見たお坊さんはどう思うでしょうか。

自分たちが厳粛な宗教儀式を執り行っているのに、どういう意味があって豆を撒いているのだと怪訝に思うわけです。なかには、葬儀社に反感を抱く方もいるでしょう。

自分勝手と自分らしさが違うように、型を知ったうえで行う型くずしと、型を知らずに行う型なし。仮に似ているような演出であっても、本質はまったく異なるものです。

お葬式は「大切な人がいない人生」の出発点

あなたにとってお葬式とは、単なる出発点でしかありません。

結婚式と同じです。結婚式は、神様や仏様、そこに集まってくれる人たちの前で、「夫婦としてこれからちゃんと生きていきます」と宣言する場です。

一方、お葬式は亡くなった人の尊厳を保ちながらも、残された家族が「家族のかたちは変わっても、これからも変わらない絆で生きていきます」と、故人をおくる場なのです。両方とも、縁のある人たちがさらに大きく広がっていく場でもあります。みんなで集まって、新しい家族、または残された家族を「みんなで支えるんだよ」と誓う場です。

私は、お葬式はできるだけ大勢の人でおみおくりしてあげたほうがよいと思っています。喪主一人が頑張って進めるのではなく、「故人をみおくるために、みんな参加してください。一緒にいいお葬式にしましょう」と呼びかけて、いろいろな方の手を借りながらお葬式を作り上げていくのもオススメです。言うなれば、「実行委員会」形式です。

私が実際に携わったお葬式にも、そんなケースが多々あります。

お葬式に参列してくれた人への会葬礼状を手書きで作成した画家さんや、献花ならぬ献枝、（ヒバの枝）をわざわざ高尾山で摘んだきた方、まだ若い方が喪主を務めたときは葬儀代のカンパとして同級生たちが一口1000円ずつお花代を集め、それを合わせて祭壇を作り、全員の名前を式場に張り出したこともあります。

実際にそのお葬式を見て感じたのは、みんなでみおくるほうが全員の気持ちの整理がつきやすいということです。

故人をどうおみおくりするのが一番いいのか、ご家族、親戚、友人ら、みんなで考えるので、喪失感にフタをした状態（グリーフ）から解放されるからでしょう。

時間のないなかで、多くの人が関わるお葬式はたしかに大変です。実行員会形式でのお葬式を終えたあとは、いつも「きちんとおみおくりができました。もう思い残すことはありません。でも是枝さんとお葬式をすると本当に疲れますね（笑）」と、みんなが口を揃えます。

しかし、一つのお葬式をみんなで作り上げたからこそ、実行委員会のメンバーたちは、残された遺族たちをその後もずっと助けてくれるのです。

みんなでお葬式を作り上げたときは、火葬場で思わず拍手が湧き起こることもあります。そんなとき私は、「みなさん、残されたご家族がお母さんをきちんと弔えるように、『何か困ったことがあれば支える』と心に誓われたから、拍手をされたのですね」と言うと、みんな「そうだ、そうだ」と、温かく返してくれます。

お葬式は人との繋がりを深められるものです。だから正直、家族だけのものにするのはもったいないと、私は思うのです。

お葬式の相談をしているとき、「もっといいお葬式ができるのに……」と思えば、「こういうお葬式もありますよ」と迷わずご家族の背中を押します。私はそれが葬儀社の使命だと思っているからです。そうしないと、必ず「こんなお葬式をあげるんじゃなかった」と、後悔する人が出てきてしまいます。

この本を読んでいるあなたは、「そんなに大掛かりなお葬式をあげる意味がわからない」「煩わしいのはイヤだ」と思うかもしれません。

そういうときは、一緒に考えさせてください。

お葬式はみなさんが思っているよりも、もっとずっと自由なものです。やり方次第ではさほどお金をかけずにできますし、煩わしいと思っていることも、きちんと葬儀社を頼れば、実際にはそれほど苦にならないことが多いのです。

とはいえ、かく言う私も昔は「お葬式は形式を守るものだ」と思い込んでいました。紹介してきたような型くずしなお葬式を手がけるようになったのは、さまざまな経験を積み、

「お葬式は自由だ」と確信が持てたからです。

実際、そう思えるようになるまでには、いろいろな経験をしてきました。苦しい経験、つらい経験、惨めな経験……死を穢《けが》れと感じる人も多いうえに、昔ながらの業界ですから、理不尽な目にもさんざん遭いました。それらを乗り越えて、今の私があります。

どうして「お葬式は自由でいいんだ」と思えるようになったのかは、次の第2章でお話ししたいと思います。それには私と葬儀社との最初の出会いから話さなければなりません。このお話をすると、みなさん口を揃えて、「そんなお葬式を経験して、よく葬儀屋さんになりましたね」と言います。私自身もそう思います（笑）。

本当に、人生はつくづく不思議なものです。

コラム①

お葬式で後悔してしまうパターンを避けよう

心から満足がいくお葬式をあげられる人がいる一方で、お葬式がきっかけで人間関係がギクシャクし、トラブルを巻き起こしてしまうケースもあります。

近年特に目立つのが、お葬式のことがわからないまま「ネット葬儀社」に頼み、「こんなはずじゃなかった」と悔いる声です。これは本当に多くあります。

思いがけぬトラブルを避けるためにも、お葬式で失敗した事例を見ていきましょう。

＊＊＊＊＊＊＊＊＊＊＊＊＊＊＊＊＊

こんなはずじゃなかった！　ケース①家族葬はかえって煩わしい？

70歳を超えた団塊世代には、祖父母のお葬式のときに大人数に弔問に来られて、煩わしい体験をした人が多くいます。そのためある方は、ご家族だけでお別れをしようと、ご近所にも会社にも知らせずに、「ネット葬儀社」で近親者だけでの家族葬を選びました。

でも、故人は地元の名士で、地域社会の発展に貢献してきた人。本来なら葬儀には１０００人を超える参列者が訪れていたでしょう。にもかかわらず家族葬を選んだことで、どんなことが起こったと思いますか？

お葬式に参列できなかった人たちが「お線香だけでも」と週末ごとに家を訪ねてくるようになりました。１回に３人ぐらい、入れ代わり立ち代わり。しかも「先生には本当にお世話になったんですけどね」「最後ぐらいお顔が見たかったわ」と、葬儀に呼ばれなかった不平不満を言われるのです。これはグリーフがそうさせてしまいます。こういう期間は3か月ほど続きました。

葬儀式場でしたら、参列者の対応は50分で終わったはずなのですが、家族でのお別れの時間を大切にするために煩わしいことを省いてみたところ、余計に煩わしい思いをすることになったのです。

たしかに、お葬式で参列者の対応をしていると、「ちゃんとお別れできなかった」となってしまいます。こういうケースをなくすには、家族だけでのおみおくりの機会を別につくり、そのあとでお葬式をすればよいのです。

きちんと家族だけでお別れができれば、「なんで会ったこともない息子の会社の社長に、こんな日に挨拶しなければならないの」が、「お父さん、息子の会社の社長さんまでわざわざ来てくれたわ」という感謝の気持ちに変わっていくでしょう。

こんなはずじゃなかった！ ケース②お別れの時間は10分間だけ

最近は、在宅で最期を迎える方が増えています。

ガンを患っていた元公務員の80歳代男性。最期は家で看取りたいとのご家族の強い思いで、病院から在宅治療に。家族思いの方で、その最期に相応しく、2か月間、ご家族に囲まれ、人生を思い返しながら穏やかに亡くなられました。

そこまで丁寧に看取ったのに、ご遺族が介護疲れで燃え尽きていたので、よくわからないまま「ネット葬儀社」に申し込んでしまったのです。

するとその葬儀社から「ご遺体を預かります」と言われ、故人は連れていかれました。なぜなら申し込んだのが安価なネット葬儀社の一番シンプルなプランだったからです。

葬儀社は一か所に遺体を集めたほうが管理しやすく、コストを抑えることができます。自宅での安置だと、ご遺体の傷みを防ぐために、定期的なドライアイス交換などのコストがかかるのです。どうして安い値段でできるのか、普通の人は知りませんよね。

せっかく自宅で看取り、今からゆっくりご遺体のそばで看病疲れを癒やせるというところで、その機会が奪われてしまったのです。

結局、故人と再会できたのは火葬場で10分間だけでした。

しかも火葬の最中に葬儀社は、クレジットカードで決済を済ませ「では失礼します」と帰ってしまったそうです。なんだか寂しいですよね。

これでは何のために在宅で看取ったのか、わかりません。

最近は、コロナ禍でご遺体と対面できなかったという悩みもよく耳にします。

どれだけ一緒にいても、やはりお亡くなりになられてから火葬されるまでの間は、また特別な時間なのです。せっかく丁寧に看取ったのであれば、おみおくりから供養まで丁寧に歩んでいきたいと思いませんか？

こんなはずじゃなかった！　ケース③お葬式から相続争いに発展

お葬式の失敗が遺産争いに発展するケースもあります。

在宅で最期を看取りたいと願う人は増えていますが、ごきょうだいの間でおみおくりの満足度は大きく違ってきます。

90歳代の母親の介護を巡って、兄と妹の意見が異なっていました。入院させると介護は任せっきりになるので、妹はお母さんを在宅で介護したいと考えていました。兄は反対です。なぜなら妹とはもともと折り合いがよくなかったからです。

兄の反対を押し切って、妹はお母さんを自宅に連れ帰りました。

病院ならそれぞれ面会できていたはずですが、妹の家には足が向かない兄は、お母さんに会えなくなってしまいました。

強引に妹が連れ帰った一か月後、お母さんは息を引き取りました。

妹は最期の時間をお母さんと一緒に過ごせ、心の準備ができていました。

一方で兄は、妹が自宅に連れ帰ったからお母さんがこんなに早く亡くなったと責めました。病院ならもっと長生きできたと思っているのです。

そして妹は、自宅で自分の家族だけでの小さな葬儀を行いました。セレモニーホールを借りていれば、最後にご兄妹が一緒にお母さんをおみおくりし、和解できたかもしれません。しかし、葬儀に参列できなかった兄は「妹は、私をお葬式に来させないために自宅で葬儀をあげた」と考え、ないがしろにされた、と遺産を巡る大ゲンカに発展していきました。

＊＊＊＊＊＊＊＊＊＊＊＊＊＊＊＊

こういったお葬式の失敗事例は、遺族側がノウハウを知らなかったことも大きな要因ですが、そもそも「何のためにお葬式をするのか」という本質を見誤っていたことが最大の原因です。

そうならないためにも普段からお葬式について考え、周りと話し合っておくことが大切です。それにより、大半の失敗は防ぐことができます。

［第2章］

お葬式は「自由」でいい

——お葬式の「やるべきこと」と「やっていいこと」

あなたが最後にお葬式に参列したのはいつですか？　意外と思い出せない方も多いのではないでしょうか。

30〜40年くらい前は、2〜3世帯で暮らす家族が多く、また地域や会社のコミュニティの繋がりも強かったので、お葬式に関わる機会が数多くありました。

しかし平均寿命が延び、核家族化も進み、そして現在は地域や会社での交流もなるべく避けたいという若い世代が増えたこともあり、お葬式に参加する機会は減ってきています。さらに少子化が進んでいるので、「最初のお葬式が親のお葬式で、いきなり喪主を務めなければならない」といったケースすら目立っています。

「式場はどこにすればいいんだろう」
「棺や祭壇はどんな金額のものを選べばいいのか」
「お坊さんや神父さんにはいつ連絡すればいい？」
「喪主の挨拶は何を話せばいいのかな……」

いざお葬式をあげるとなれば、考えなければいけないことが山ほど出てきます。

そのとき、あなたの頭を支配しているのは、おそらく「ちゃんとしたお葬式をしないといけない」という考えでしょう。

しかし、無我夢中で進めたお葬式は、満足できるおみおくりとは程遠い姿になってしまうかもしれません。

第2章で伝えたいのは、おみおくりという行為の本質です。

お葬式を〝学ぶ〟機会がどんどん減っている

これまでの日本人は、上の世代の弔い方を見て、自然と「どのようなお葬式がいいお葬式なのか」「心が安らぐのか」を覚えていきました。「おばあちゃんがこうしていたから、自分たちもこうしなきゃいけない」という感覚を養ってきたのです。

しかし、今は喪主の人でも「よくわからないまま葬儀をあげてしまう」というケースが増えています。言うなればビギナーの人ばかりなので、いざお葬式に直面すると頭を抱えてしまうのも納得です。

そもそも、私たちはどうしてお葬式をするのでしょうか。そんな当然なこと、これまで考えたこともなかったかもしれません。

どんな時代、どこの国にもお葬式はあります。宗教や風習によって弔い方は異なりますが、仏教でもキリスト教でも、火葬でも土葬でも、お葬式の本質は一つも変わりません。

祭壇や墓地を花で飾る風習は、世界で広く見られますが、その最古の例の一つがネアンデルタール人のお墓です。約4万年前のお墓の跡から、自然に咲くはずのない花が手向けられているのが発見されているのです。文明が成立するより遥か昔から、死者を思う気持ちは変わっていないのです。

人が生まれ持っている普遍的な感情だからこそ、弔いは文化となって、世界中で受け継がれています。

日本でも、昔からお葬式がどれほど大切だったのかが、よくわかる言葉があります。

それは「村八分」です。村八分とは、共同体のルールを破った人や秩序を乱した人との交流を絶ったり、追い出そうとしたりすることです。

今でもケンカしたときに、「お前は村八分だ」と怒鳴る人もいるでしょう。

しかし交流を断つのは「八分」（80％）なので、残り「二分」（20％）については、どれだけ仲が悪くても協力しなければなりません。

その二分とは、「火事」と「葬儀」です。

隣の家が燃えれば、やがては自分の家にまで火の手が回ります。だからみんなで必死に消火活動を手伝います。

もう一つは、その家で誰かが亡くなった場合です。

これは衛生面からの理由が大きいでしょう。遺体をそのままにしていれば、腐敗が進んで悪臭を発し、やがて伝染病のもとになるので、埋葬は助け合います。

でも、それだけではありません。亡くなれば、「もう仏様だから、すべて水に流してみんなで支えよう」という気持ちにもなります。葬儀は、どれだけ対立し合っていても最後まで切れない社会との繋がりです。地域のなかに根差し、人間関係を改善する最後の機会でもあるのです。

今でも地域によっては、喪主を務める長男が東京から戻ってくれば、地元の葬儀社からは「まずはご近所と話をしてください」「ご近所の方のご都合が大事ですよ」と言われます。

両隣2軒ずつ、合わせて5軒で隣組が構成されており、ご不幸が出たら、隣組の人は仕事を休んで手伝うような地域すらあります。

この家は亡くなった人がいるから、いろいろと大変だから、周りでみんなで支えてあげようとなるのです。ですので、隣組の人たちの都合を合わせることがまず大事になります。「あなたは忌引が使えるでしょう」「この日程ならみんな手伝えるわ」というように進んでいくので、喪主が「東京で仕事があるから、明後日には帰りたいので、葬儀は明日にしたいんです……」などと言おうものなら、「世間知らず！」ということになってしまうのです。

「二人」いれば、「葬る」は成り立つ

「お葬式」の「葬る《ほうむ》」という漢字をよく見てください。上の「くさかんむり」はもちろん草を表し、真ん中には「死」という文字がありますよね。そして、その下にある「廾」という文字も、草を意味します。要するに、草と草の間に「死」、遺体があるわけです。

草の上に遺体があるだけでは、葬ることにはなりません。一つの死が草の上にあるだけです。だから誰かがその遺体の上に草をかけてあげないといけない。「亡くなった人」と「草をかけ葬る人」という二人がいて、初めて葬ることができます。

つまり、みおくられる人とみおくる人の二人がいれば、「葬る」は成立するのです。

しかし、「葬る」儀式である、葬儀・葬式は、二人だけでは成り立ちません。

仏式ならお坊さんが弔いの場でお経を読んで、参列者が焼香をあげる宗教儀式が、葬儀の中心です。これらの儀礼は宗教者がいなければ成り立ちません。

葬儀のなかでも、家族が棺にお花入れをしたり、遺品を納めたりなど、お別れをする時

間を告別式と呼ぶ場合もあります。これは葬儀社によって、まちまちです。お別れの時間、お花入れの儀と呼ぶ場合もあります。

そもそも告別式という言葉は、宗教儀式に反発した中江兆民に由来します。中江兆民は明治時代に活躍した思想家で、「東洋のルソー」とも呼ばれ、自由民権運動の理論的な指導者でした。そんな彼が「儀式は一切いらない、無宗教でおくってほしい」と言い遺して、1901年に亡くなったときに行われたのが日本最初の告別式です。

だから、本来ならば「葬儀・告別式」という言葉は矛盾しているのですが、今では普通に使われるようになりました。そのため最近では、宗教色を薄めたい人は告別式のことを、偲ぶ会やお別れ会と呼んだりもします。

そして、お葬式という言葉は、通夜、葬儀、告別式、火葬などを合わせて呼んだり、またはその一部を意味したりする、汎用性の高い言葉として使われています。

「しなきゃいけない」から「してもいいんだ」へ

実際問題としてお葬式には、最低限しなければいけないことがあります。

医師の死亡診断を受け、７日以内に死亡届を役所に出します。医師の死亡確認から24時間以上経ってから、遺体を火葬。これは法令で定められています。

それ以外にも、遺体を運ぶための棺や霊柩車が必要です。棺は自作してもいいのですが、多くの場合、火葬場が受け入れてくれません。

火葬炉とサイズが合わないと、うまく骨にならなかったり、ダクトに詰まって火葬の途中に炉が止まってしまったりするからです。アメリカではアマゾンで棺が売られていますが、現在のところ日本では葬儀社でしか取り扱っていません。

病院から直接火葬場に運び、お別れの時間もないまま火葬と収骨のみを行うお葬式を直葬といいます。最もシンプルなお葬式です。火葬場で10分ほどお別れの時間を取り、お花入れをすると火葬式と呼ばれるようになります。そこから「どこかの場所を一日借りて、友人で集まろうか」「みんなで集まれるように通夜をしよう」となれば、よりお葬式らしくなってきますよね。

さらに、「祭壇をどうやって飾るのか?」「音楽は何を流すのか？　生演奏を頼もうか」「お酒は？　お料理は?」「参列者を手ぶらで帰してもいいの?」といろいろ考えられることはありますが、実はこれらはオプションです。「しなきゃいけない」ことではなく、「してもいいんだ」と考えてみてください。「してもいいんだ」の積み重ねで、お葬式ができていきます。

お葬式は減点方式ではなく、加点方式です。「しなきゃいけない」ことは、あくまでも亡くなった人を法令に沿って火葬することと、故人の尊厳を守るために弔うことの2つだけです。

お葬式に宗教者を呼ぶのはマストか？

お坊さん、神主さん、神父さん、牧師さん。

そのような宗教者は呼ばなくていいのか。みなさんすごく気になさいます。

宗教儀礼としては、宗教者でないと魂を向こうの世界におくり届けることはできません。どんな宗教を信仰しているかにかかわらず、故人の思いがあれば、それをできるだけ大切にしてほしいのです。

ただ、宗教者を呼ぶかどうかもオプションの一つです。私たちはまず「お坊さんを呼びますか？」と伺い、ご家族で話し合ってもらっています。

代々お世話になっている菩提寺さんがあるのでしたら、呼んだほうがいいでしょう。しかし、それが子どもの世代にうまく伝わっていないこともよくあります。

お坊さんを呼ばずにお葬式を済ませたのに、ご家族が突然、遺骨を胸に抱いて菩提寺を訪れ「父が亡くなりました。先祖のお墓に納骨してください」となれば、お坊さんはいい気持ちはしませんよね。菩提寺さんを呼ばずにお葬式を済ませてしまった場合は、あとで大きなトラブルになってしまうことが多いのでご注意ください。

お付き合いのある宗教者がいない方で、宗教者を呼ばずに、無宗教でのお葬式となれば、お経の代わりに音楽を流し、参列者が献花や焼香をしながら故人を弔うこともできます。

お年寄りの参列者が多くて、「お経を読んでほしい」「お焼香はしたい」といった声があがれば、希望に沿って宗教者を呼べばいいのです。実際に、信仰のない方でも「献花だけでは間がもちそうにない」という理由で、お坊さんを呼ぶ方もいらっしゃいます。

お坊さんのお経が長いと感じる方もいるかもしれません。でもお坊さんは儀式として必要だから行っているわけです。「長いよ」などと文句を言うことは筋が違います。

ただ、「住職、今日はご高齢の方が多いので、お焼香は少し早めに始められますか」なども交渉すれば、要望を聞いてもらえることもあります。こうした調整は葬儀社に任せると、喪主やご家族はおみおくりに集中しやすくなります。

宗教者を呼ぶかどうか。これはご本人が「どうおくられたいか」を生前に整理しておくことがご家族の負担を減らすことにもなるでしょう。一人で決めるのが難しい場合は、子どもや親戚、ご近所さんと一緒にエンディングノートを書いてみることもオススメです。

葬儀社との衝撃的な出会い

私が初めて参加したお葬式についてお話しします。

高校1年生のときに、祖父が亡くなりました。祖父は通産省（現・経済産業省）の官僚でした。ノンキャリアですが、当時ノンキャリアが出世できる最高の課長補佐まで務め、大手自動車メーカーに転職。まあ、天下りのようなものですか……。

ですので、600人近くの関係者が弔問に訪れたのです。実家の前の私道にも花輪がずらりと並んでいたのを覚えています。

山茶花《サザンカ》が綺麗な季節、1月のことです。歴史オタクと言われるぐらい歴史好きの私は、千利休のエピソードを思い出しました。

千利休が師匠から「庭を掃除しろ」と言われたとき、庭にはゴミが一つも落ちていなかった。師匠が千利休を試しているんですね。そこで千利休はどうしたかご存じですか？掃除を命じられたのに、反対に木を揺らして落ち葉を散らしたんです。何もない庭よりも、落ち葉があったほうが風流だということです。これには師匠も驚嘆し、千利休に茶道の奥義を余すところなく伝えたという逸話が残っています。

山茶花の花を見ているうちに、私は千利休のマネをしたくなりました。

私は孫のなかで一番年上。リーダー的な存在でしたので、従兄弟たちに指示し、まず庭にすでに落ちていた山茶花の花や落ち葉などを掃除し、芝生を綺麗にしました。大人たちは私が熱心に掃除していると思ったでしょうね。

それなのに、次に私は従兄弟たちをけしかけて、木を揺らし、山茶花の花を落としました。

初めは従兄弟たちもわけがわからない様子でしたけれど……新しく散った山茶花の花びらが、ふさふさの芝生に浮いているように見えるので、

「すごい綺麗だね。おじいちゃんも喜んでくれているよね」と庭を眺めていました。

しかし、食事から戻ってみると、葬儀社がユンボで山茶花を垣根ごと壊したのです。家のなかでは大人数が焼香する場所がなく、庭に焼香台をつくるため、とのことでした。

それが私と葬儀社の最初の出会いです。

千利休も風流もあったものではありません。「あああっ」という気分でした。

昔の葬儀社はいろいろなことをしていました。

「棺が出ないから壁を壊しましょう」などと平気で言っていました。出したら出したで、「あとは直しておいてください、家族の責任です」と。

今では、絶対ありえませんね。

そのとき、なぜか母から「あんた気が利くから、葬儀屋さんいいんじゃない？　みんな金時計しているわ」と言われたのを、はっきりと覚えています。

私は3月生まれの早生まれ、おまけに喘息持ちで体も弱く、腕力や学力では同級生に勝てないので、何が必要かとなったら調整力だと常日頃から思っていました。

だから母には、私が「気を使える」ように見えていたのかもしれません。

あとから、これは大いなる勘違いだったと身につまされるのですが……。母は、私なら垣根を壊さずに、もっと上手にできるのではと思ったのかもしれません。

そして「金時計」。

当時、1995年ごろはバブルの余波がまだ残っていました。お葬式代に500万円、600万円かかるのは当たり前で葬儀社は羽振りがよかったものです。

私が業界に入るころには、まったく面影もありませんでしたが、これが職業として、私が葬儀の仕事を意識した最初でした。

仏教と茶道、そして葬儀業界へ

勉強はあまり得意ではありませんでした。特に英語が苦手だったので、国語と社会で受験できる大学を探し、仏教学部に入りました。そのときは、葬儀の仕事をしようとは思っていませんでした。

歴史が好きだったので、とりあえず歴史を勉強したかったのですが、歴史学部にはすべて落ちてしまいました。それで仕方なく仏教学部に入ったのです。

部活は茶道部。憧れの千利休に導かれたわけではありません。通学に片道2時間かかるので、畳で休みたいなあと思って（笑）。

偶然選ぶことになった仏教と茶道ですが、振り返ってみれば、大学時代にみっちりと基礎から学べたのは、今の私に大きなプラスとなっています。

大学に入学したのは、1998年。その前年には山一證券や北海道拓殖銀行が経営破綻し、就職活動はいっそう大変になることが予測されていました。ロストジェネレーション世代です。大学生のときから真剣に就職を考えないとこれは野垂れ死にするな。自分には何ができるのだろうかと考え……仏教の知識と茶道のおもてなし。この二つが融合できる仕事がないかと考えていて、「あ、葬儀屋はどうだろうか」と思いついたんです。

まずは叔母の知人が東京・小金井市のとなり小平市の葬儀社の方と知り合いだったので、そこにお願いしたのですが、すぐ断られました。

もう自分で探すしかないと、今度はタウンページを開いて、小金井の葬儀社に片っ端から電話して、「バイトさせてください」と言いました。いきなりどこの馬の骨かもわからない大学生に電話で「雇ってください」と言われても困りますよね。

でも、それぐらい必死でした。色よい返事は一つももらえなかったのですが、最後の一件だけ、「履歴書を送ってください。でも今、会社が引越し中だから、落ち着いてから連絡するかもしれません」と言われたんです。それが大学2年生の12月の頭。

それから4月になって、もう忘れた頃に「面接するよ」と連絡がありました。面接してくれた部長さんは地元の青年会議所の理事長をやっていたので、地域の学生を採用するのも、活性化に繋がると考えていたようです。

ただ葬儀の仕事は、学生にできることではありません。お客様は初々しさの残る若い子よりも、人生の酸いも甘いも噛み分けた年齢のスタッフのほうが心情を察してくれるはず、と安心できるでしょう。

ですので、部長は「なめた学生だったら、厳しく言って返してやろう」と思っていたようです。それなのに、面接室に入った瞬間、「君、採用！」と言われました。

当時は今よりもう少し髪の毛のボリュームはありましたが、ほぼ20歳のときから顔が変わっていない、おじさん顔なんです。

あとでわかったのですが、都市部には葬儀専門の派遣会社があって、葬儀社が直接アルバイトを雇うということは珍しかったのです。

独立のきっかけ

そこで1年間アルバイトをして、葬儀社は葬儀だけでなくお祭りの手伝いをするなど地域の何でも屋だと知りました。それから、ちょうど葬儀専門の派遣会社を立ち上げる先輩についていき、大学卒業後もそこで働きました。計7年間修行しました。

28歳のとき、転機が訪れます。25歳から、派遣だけでは学べないことを学びたいからと頼み込んで、病院に入っている別の葬儀社に月に半分ほど勤務していたのですが、その会社が病院から契約を切られてしまい、仕事がなくなってしまったのです。

でも、今さら先輩の会社に「仕事がなくなったので、そちらの専属に戻らせてください」とは言えないので、「それじゃあいっそのこと独立しよう」と踏み切ったのです。

私が28歳のとき。本当は40歳くらいでの独立を計画していたのに、にっちもさっちも行かなくなってしまいましたから……帰り道に本屋さんに寄って、『会社の作り方』という本を購入して、「法人って何?」という状態から、見よう見まねで始めました。

国税庁のＨＰから定款をダウンロードし、税理士の友達に最終チェックしてもらったものを自分で公証役場に持っていき、会社を立ち上げました。

一番悩んだのは会社名かもしれません。28歳の若僧が「〇〇セレモニー」と名乗っても、軽く見られるだけでしょう。そして、本社の立地は住宅地なので、「葬」とか「斎」を使いたくはありませんでした。

それなら「式典」かなとか、でも「式典」は近くの会社が使っている。「典礼」もあっちにあるなーなどと考えていると、「あ、『祭典』ならこの辺にないな」と思い付き、「小金井祭典」。

そして前株よりも、後株のほうが老舗っぽい（笑）。それで「小金井祭典株式会社」が誕生しました。

社長の叱責で芽生えた違和感

独立を考えるきっかけはもう一つありました。

「誰に対して、私は責任があるのだろう」と考えたことです。

修業時代、私の担当地区は、東京の港区、大田区、世田谷区、品川区あたりが中心でした。下町から高級住宅街まで、自宅での工夫を凝らしたお葬式に、1000人規模の上場企業の社葬や著名人の葬儀など、幅広く手伝いました。

「3丁目と4丁目の町会の葬儀しかやりません」という親子経営の葬儀社もあれば、伝統ある最大手の葬儀社もあり、いろいろな会社で学ばせていただきました。小さな葬儀社だと、「是枝、スナック行くぞ」と言って、スナックに近所の人と飲みに連れて行かれ、それが葬儀の営業に繋がっていくやり方なんかを、私だけに見せてくれたりするんです。私が独立したがっていると知っているので。そして常々、私は「小金井で独立します」と言っていたので、自分のテリトリー外ならばと安心して仕事だけではなく営業のテクニックも余すところなく教えてもらえました。

大手の葬儀社での仕事では、芝公園にある増上寺にも出入りしていました。私たち小金井祭典は中堅の葬儀社ですが、そのときの経験があるからこそ、今1000人が参列する葬儀の依頼が来ても、青い毛氈《もうせん》をバーっと敷いて、港区にあるような高級葬儀社と遜色のない式典ができます。

「おたく、小さい葬儀屋さんなのに、ずいぶんやるねー」と言われますが、種明かしをすれば、修業時代にお世話になっていた、大きな葬儀が得意な先輩後輩たちに手伝ってもらっているからです。

修業時代、ある葬儀で少し気難しいお坊さんがいました。私は司会を務めていたのですが、住職は打ち合わせもせずに50分ほど法話すると、いきなり「葬儀屋さんよろしいですね」と言って、式を始めてしまいました。私は頷くことしかできずに開式すると、葬儀社の社長が「なんで開会の辞がないんだ」と怒ってしまいました。

本来であれば、葬儀の担当者がお坊さんと事前に打ち合わせをして、開会の辞のタイミングは決めておくべきことなのですが、お坊さんが「それでは始めます」と言った以上こちらは何もしてはいけません。仕事を取ってきた社長は、客人として式場に座っていました。隣に座る友人とおしゃべりしていたとき、「開式の辞がない」とハッとし、司会の私が怒られたのです。

ご家族もお坊さんも担当者も、私のとっさの判断を支持してくれました。しかし、私が所属する派遣会社はこの社長から仕事をもらっています。だから派遣会社のミッションとしては失敗なのです。クレームになってしまったのですから。

でも、お葬式で寄り添わなければならないのは、亡くなったご家族、親友、関係者たちです。そこをないがしろにして、葬儀社を向いて仕事をする派遣業に違和感を覚えたのです。

「ご遺族のために責任を持ちたい」「一人ひとりに合わせ、もっと自由なお葬式にしたい」。このままではいけないと、早く独立したいという思いを強くしました。

「お葬式は自由でいい」と気がついた

修業時代は、ご遺族より派遣先の葬儀社のほうを向いて仕事をしなければなりませんでした。しかし、独立してからは故人やご家族のほうだけを向いて仕事ができます。

お葬式は、弔う心があれば、あとは全部オプションなのですから、「しなきゃいけない」ではなく「してもいいんだ」の積み重ねだとは先程も申し上げました。

ですが最近のお葬式は、パック料金が主流です。これだと「したくない」ことがあっても、「もうパックに入っているので外せません」となります。また、「したい」ことがあっても、「スケジュールがいっぱいなので足せません」「足す場合は追加料金がかかります」

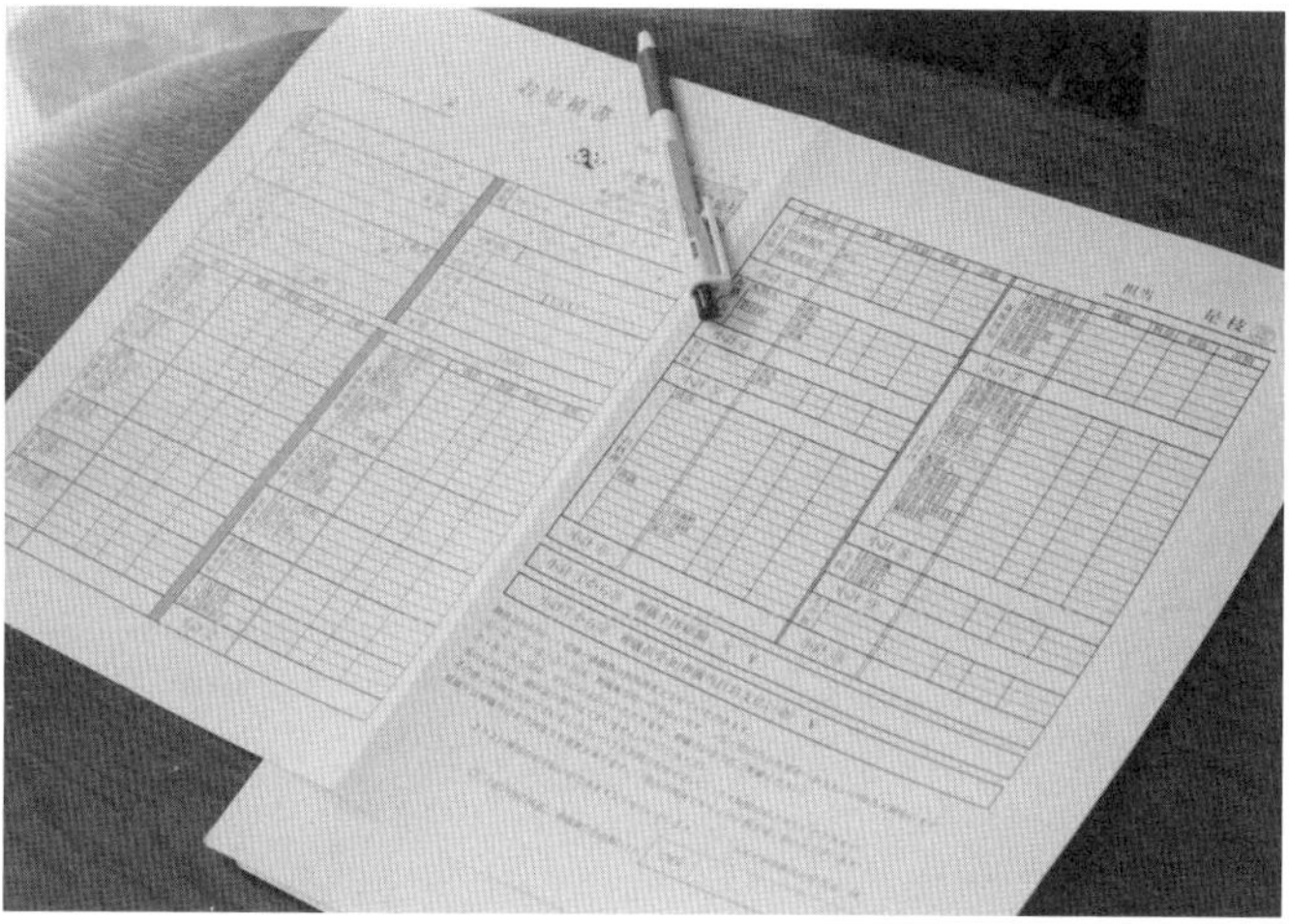
小金井祭典の見積書。自由なお葬式のために、細かく項目が分けられている

となります。

小金井祭典は全部バラバラにして、一人ひとりにオーダーメイドのお葬式ができるように工夫しています。

小金井祭典の見積書は項目がびっしりで、細かく分けられています。

祭壇の大きさから、お供物、お香、お菓子、果物まで。遺影写真の大きさも細かく指定できます。お料理、返礼品。「○○家」の提灯、枕飾り、霊柩車と、すべてお選びいただけます。

だから予算内で、オリジナルのお葬式ができるのです。

趣向を凝らしたオリジナルのお葬式をあげるには、費用がかさむことも確かにあります。

しかし、費用をかければいいおみおくりができるというわけではありません。

大切なのは、あなたが心の奥にしまっている弔いの気持ちをどう表現するかです。その気持ちさえあれば、あとはすべて〝オプション〟なんです。オプションだからこそ、使いようによっては最低限のプラス費用で最大限の価値を生んでくれます。


オプションを使うコツを知るには、実際に私がご遺族にプランをご提案する流れを知ってもらうのが一番でしょう。

小金井祭典にお葬式の依頼が来た場合、私はまず「どんなお葬式にしたいですか？」と尋ねます。それを予算の範囲内で実現するにはどうすればいいのか。そこが葬儀社の腕の見せ所です。

お葬式のイメージとして一般的にあるものといえば、祭壇ですよね。でも、たとえば100万円の祭壇を先に決めて、霊柩車や遺体管理費などのオプション費用があとからかさんで予算をオーバーしても、「やっぱり祭壇は50万円に下げたい」とはご遺族は言い出しにくい。

そこで小金井祭典は、必ずかかる式場費とか火葬場料金の見積りから始め、次に弔問客のおもてなしにかかる費用、最後にアップダウンがある祭壇や棺の費用を決めていきます。30万円の祭壇と100万円の祭壇は、当然大きく違います。

しかし、花をどう飾るか、どんな遺影にするか、思い出の品をどう置くか次第で、見え方はまったく変わってきます。最大限イメージに合ったお葬式にするのが私の仕事なのです。

そして「実行委員会」でみなさんに協力してもらえれば、意外と費用を抑えられることもあります。

たとえば、ある劇団の座長が亡くなったときは、劇団員の大道具さんが自分たちで式場を設営し、劇団の大きな旗を飾りました。かかった製作費は6000円ほど。業者に頼めば数十万円はしたでしょう。

礼状もオプションです。絵を描くのが好きなお孫さんが一生懸命パソコンで作ったら、経費は800円でした。業者に頼めば1万円。お花も、すべてお花屋さんで準備する必要はありません。庭に咲いている花を5～6輪、自らの手で摘《つ》んできたほうが、さらによい供養になります。

お見積りは、ネット葬儀社では10分もかからずに決めてしまいます。一方で小金井祭典では、2時間以上かかることもあります。ですが一つひとつの項目をご説明していると、「お葬式って、こんなに自由なのね」と納得できるオリジナルなお葬式をイメージしてもらえます。

お葬式の美しさが失われていく

おかげさまで小金井祭典は創立15年目を迎えようとしています。

この間、いろいろと変わったものもありますし、創業から変わらないものもあります。変わっていないものは、「いいお葬式を1件でも世の中に増やす」という使命感です。いいお葬式ができれば、次の世代にも「ちゃんとしたおみおくりをしたい」という思いが受け継がれ、私たちが携わってきた葬送文化を守ることにも繋がっていきます。

今はネット葬儀社の全盛時代。お葬式がすごく簡素化の流れに向かっています。お葬式本来の美しさが失われていく風潮に少しでも歯止めをかけたいのです。

葬儀社の都合でお葬式の内容が決まってはいけませんし、またご家族だけではなくプロに相談してもらいたい。そんな想いが小金井祭典のロゴマークに表されています。

マムシと恐れられた戦国武将・斎藤道三の旗印「二頭波《にとうなみ》」を借用して、ロゴマークにしました。ご家族と私たちで一緒に考えていいお葬式をつくりましょう。「葬送のかたちをともに考える」がコンセプトです。

小金井祭典のロゴマーク

波のしぶきは左右で数が異なります。左が二つ、右が三つ。これは世の中には割り切れるものと割り切れないものがあるということを表しています。目に見えるもの、見えないもののバランスが大事だという教えでもあると思います。

残された人々の生活や暮らしという目に見えるもの、割り切れない想いや信仰などの供養の心。その両方をバランスよく調整するのが、私たちの役割です。どちらかに偏りすぎないバランスが何より大切なのです。

新たに加わったミッションもあります。それは「グリーフサポート」です。日本ではまだ「グリーフ」という言葉が珍しいので、初めて耳にする方も多いかもしれませんが、死別に伴う深い悲しみや喪失感と折り合いがつかなくなり、自分らしく生きられなくなったご家族をサポートすることこそ、お葬式の本来の役目です。第3章では、そのグリーフについて詳しく述べたいと思います。

コラム②

宗教者の仕事を知っていますか?〜放生寺の取り組み〜

近年では、「故人らしさ」を尊重し、決められた儀礼に束縛されない自由なかたちのお葬式を選ぶご家族が増えています。そして、お葬式は自由でいいと第2章で述べてきたように、そのこと自体は歓迎するべきですし、時代の流れでもあるでしょう。

ただ当然ながら、自由ななかにも守ったほうがよい伝統はあります。特に宗教儀礼は守るべきものだと私は思います。

宗教儀礼の一つひとつにどのような意味があり、グリーフワークに繋がっているのか？　お坊さん、神主さん、神父さん、牧師さんたちが、どれほど真剣に葬儀と向き合っているのか？　それを知っている人は意外と少ないのではないでしょうか。

東京都新宿区西早稲田に「放生寺《ほうしょうじ》」というお寺があります。徳川家代々の祈願寺として、寺紋に葵の御紋の使用を許されている、格式高い真言宗の準別格本山です。

枕経に来てくれるお坊さんは東京にはほとんどいなくなりましたが、今も放生寺さんは枕経を行っています。さらに、諷誦文《ふじゅもん》といって、故人の略歴から、この人はどこどこで生まれて、こういうところで育ち、こういう功績があり、だから向こうに旅立ってもちゃんとやっていけます、お釈迦さんの弟子の私が言います……という、亡き人の人生に敬意を表す文を毎回書かれています。それも直筆ですので、諷誦文を書き、そこから戒名をつける作業は徹夜に及ぶこともあるようです。

宗教者のみなさまが故人のことを真剣に考えてくださることで、ご家族もやはり気持ちよく故人をおくりだせます。だから放生寺さんのように伝統的な葬儀を守ってくれている宗教者のもとでお葬式を執り行うときは、私は華美な演出は一切入れないようにしています。

小金井祭典のQ&A

Q 小金井祭典と関連会社について教えてください。

A

①時間をかけて打ち合わせをし、ご納得いただけるオリジナルなお葬式を行う東京都小金井市の小金井祭典㈱。②東京都世田谷区を中心に、お客様のご負担が少しでも軽くなるようセット料金プランもご用意しているライトブランドの㈱クローバー。③行政や社会福祉協議会、成年後見人をされている士業の方などのサポートをする㈱葬送支援。以上の3社を合わせて「クローバーグループ」とし、私、是枝が代表を務めています。

Q

お葬式の担当はすべて是枝さんが務めてくれるのでしょうか？

A

すべてのご依頼を私一人でお引き受けすることはできませんが、小金井祭典の理念を理解し、グリーフサポートの学びを修めた専門スタッフが対応いたします。「『日本一笑顔になれるお葬式』を読んだ！」と言ってアポイントを取ってくだされば、なるべく是枝が対応いたします。

Q　小金井祭典はどれくらいの範囲の地域まで対応できますか？

A　全国にグリーフの学びを修めた仲間がいるのですが、対応できない地域もあります。小金井祭典とクローバーで直接対応できる地域は、都内全域と神奈川県の横浜・川崎など、千葉県の西部、埼玉県の南部です。山中湖の別荘での自宅葬など遠方からのご依頼もございました。そういう場合は、近隣の葬儀屋さんより少し割高になってしまうかもしれません。

Q　小金井祭典にお願いした場合、どこでお葬式をしてくれるのですか？

A　みなさまのお住まいの地域や、ご希望の地域の提携ホールを使用します。公営斎場や民間火葬場併設式場・寺院が運営する貸しホールや地域の集会場などです。ほかの葬儀屋さんが運営している葬儀場では対応できないこともございます。家族葬でしたら、ご自宅からおくりたいというご要望が多くございますが、自宅葬の経験が多いことが小金井祭典の強みです。

また小金井市の前原町にて家族葬専門式場「クローバーホーム川上」の運営もしております。

Q クローバーホーム川上とはどのような施設ですか？

A 3階建ての小さなビルで、1階が石材店と霊安室。2階は〝自宅のように一緒に過ごす〟をテーマにしたオルタナリビングと、家族葬専門のホール。3階は寺院控室兼家族控室となっています。会葬者合わせて30名くらいまでの家族葬専門の式場です。㈱川上という石材店の社長さんである幸子さんが、地域の皆さんや石材店の古くからの利用者の方といつまでも元気に仕事ができるようにと連携してクローバーホーム川上を立ち上げました。

Q **なぜ島田秀平さんが本の帯を書いているのですか?**

A ２０１８年にＴＢＳラジオの島田さんの番組に是枝がゲスト出演して以来のご縁で、YouTube の人気チャンネル「島田秀平のお怪談巡り」などにも出演させていただいています。またＴＢＳラジオのプロデューサーさんの「あの葬儀屋さんで番組できるんじゃない?」との発言から、ＣＲＴ栃木放送で「是枝つぐとのおみおくり百科」がスタートしました。

［第3章］

悲しみを「正しく癒やす」方法

――グリーフサポートとは何か？

この章では、今では私たち小金井祭典の考えの礎となっているグリーフサポートについて、詳しくお話ししていきたいと思います。

私がグリーフサポートに出会ったのは12年前、とある葬儀社紹介センターの勉強会でした。どうしたら遺族に選んでもらえるよい葬儀社になれるのか、毎月数十社で集まり学ぶ場で、葬儀ですぐに役に立つ技術的なノウハウから経営のことなどさまざまなコンテンツがあるなかで、グリーフサポートに出会いました。私のグリーフの師は、株式会社ジーエスアイ代表取締役で、一般社団法人グリーフサポート研究所代表理事の橋爪謙一郎氏です。私は彼から多くのことを学びました。

「グリーフ」という言葉さえ、まだ一般的ではなかった時代。参加している葬儀社の多くは「社員にグリーフを学ばせても売上は上がらない」などと捉えていましたが、私はこれこそ葬儀屋に必要なことだと思いました。グリーフサポートの根幹には、宗教儀礼、地域社会や自然環境が育んできたものが多くあり、それらが体系的に結びつくことで、私たちの葬儀スタイルも大きく変わりました。

お葬式とグリーフは深い関係があります。

大切な人を亡くしたとき、自分でも驚くほど大きな気持ちの浮き沈みがあったり、今まで好きだったことにまったく興味が持てなくなったり、「周りの人は自分のことを全然わかってくれない」と悲観的になったりしてしまう人がいらっしゃいます。

たとえばお葬式の準備中、生前の写真を整理していたら思い出が溢れてきて涙がとめどなく流れ出してしまう人。故人の面影が感じられる場所や音楽、暮らしの道具に接したとき、たまりきった感情が溢れて爆発してしまう人。

人生のなかで経験したことのないような感情が湧いてきて「自分はおかしくなったのではないか？」と感じてしまう人もいます。

しかし、それらは決して悪いことではありません。一時的に普段とは異なる思考になったり、感情的になったりするのは、正常な心の反応で、ごく自然なことなのです。

ただ、その状態から立ち直るには、悲しみにきちんと向き合わなければいけません。そして、お葬式とはそのためにあります。

グリーフについて理解し、ご自身やご家族、参列者の方々の悲しみを和らげるようなお葬式ができれば、思いっきり泣いたあと、最後にはきっと笑顔になれるでしょう。

大切な人が亡くなったときの悲しみとどう向き合えばいいのか──その心得をお伝えします。

お葬式で「泣ける人」と「泣けない人」の違い

改めてきちんと説明すると、グリーフとは「喪失体験をしたときに湧き上がってくるさまざまな感情や思いを、外に出せずに閉じ込めている状態」を指します。日本語では「悲嘆」と訳されることもあります。

大切な人が亡くなったら、悲しくなったりひどい喪失感に襲われたりするのは当たり前です。しかし、人は悲嘆に暮れてばかりではなく、生活していかなくてはなりません。

そうやって少しずつ悲しみと向き合ってグリーフから抜けていく作業を、「グリーフワーク」と呼びます。

そして、そのような人に寄り添い、悲しみと向き合う手助けをすることが、私たちが行う「グリーフサポート」です。心の反応をいったん受け止めて、悲しみに折り合いをつけたり、悲しみの〝置き場所〟をつくったりするための手助けをする行為です。

なぜグリーフサポートが必要なのか。それは、グリーフを放置していると、感情や身体、人間関係などに悪い影響を与えてしまうからです。当事者は自分の変化になかなか気づけないし、家族だけで抱え込んでいても解決しづらいことが多いのです。

たとえば、お葬式の式場でこんな光景をよく見かけます。

たくさんの遺族や参列者がいるなかで、長年、故人と離れて暮らしていた長女が棺に向かって、ワンワンと泣き崩れています。それに対して、同居して故人の介護をずっとしてきた長男は喪主なので、その隣でこれから出棺の挨拶をしなければいけないと思い、緊張している様子です。

この二人を比べたとき、どちらが悲しそうに見えますか？　客観的に見たら、悲しそうなのはワンワンと泣いている長女ですよね。

しかし、このとき長女は思いっきり涙を流して感情をあらわにすることができています。言い換えれば、「グリーフワーク」ができている状態です。

一方、長男はどうでしょうか。「葬儀には自分の会社の上司も来ているし、部下だって休日なのに来てくれている。オレがここで泣くわけにはいかない。親戚の叔父からもすごいプレッシャーをかけられている。オレがちゃんと挨拶をしないと、家の新しい主にふさわしくない」などと考えて、気丈に振る舞っています。

でも長男だって、本当は「なんで…オヤジ…!!」と泣きたいんです。それなのにストレスがかかり、自ら心にフタをしてしまっています。感情が心の中に閉じ込められているので、グリーフワークができていません。実はものすごくストレスがかかっている状態なのです。

そのストレスを放置したままだと、お葬式のあとにどうなるでしょうか。

一連のお葬式を慌ただしく終えたあと、ようやく一息をついた頃になって、一気にグリーフに陥ることになります。

「お葬式の最中は忙しくて悲しさを忘れていたけど、終わったあとにものすごい喪失感に襲われて、何も手につかなくなってしまった」

そんな体験談を聞いたことがあるかと思います。その正体はグリーフなのです。

そして、心への負荷が限界を超えたとき、その影響は、さまざまな部分にダメージを与えます。ひどいときには身体に不調をきたしたり、認知力に影響が出たり、あとで感情の起伏が激しくなったり鬱っぽくなったりすることもあります。

だからこそグリーフを一人だけで抱えず、ちゃんと話を聞いてくれる人や場所の存在が大切なのです。ときには、家族のなかだけで解決しようとしないことも重要です。

グリーフとは「心のバランス」が崩れた状態

では、グリーフとは具体的にどういった心理状態なのでしょうか。喪失感を覚えているとき、その人の心の中で起こっていることを解説します。

そもそも、人間の「自分らしさ」は、身の周りにあるさまざまな要因が重なってつくられています。家族や友人、同僚、恋人、ご近所さんといった周りの人々はもちろん、仕事や趣味、持ち物、ファッション、今ではSNSもそうです。いろんな要素が重なって、自分らしさという「心のバランス」を保っているのです。

喪失感とは、そんな自分らしさの一部が欠けてしまった状態です。失恋して恋人と別れた、職を失った、友達とケンカして仲間内での居場所をなくした、大切な人が亡くなった……。何かを失ったとき、あなたの心はバランスを崩してしまいます。

イメージとしては「コマ」を想像してみてください。回転するコマのようにクルクル回っているのが「心が健康な状態」です。

しかし、コマの一部が欠けるとバランスを崩してうまく回れません。最初は回れていても段々グラグラと揺れだして、最後はパタリと倒れてしまいます。

ただ、実際には私たちの心はコマのように単純ではありません。何かを失ってグラグラ揺れても、そのままパタッと倒れるのではなく、ほかの大切なものを見つけるなどして、またどこかでバランスをとり、立ち直ります。心は〝しなやかに〟できているのです。

失恋した直後はふさぎ込むくらいつらくても、数年もすればちょっと甘酸っぱい思い出

喪失体験

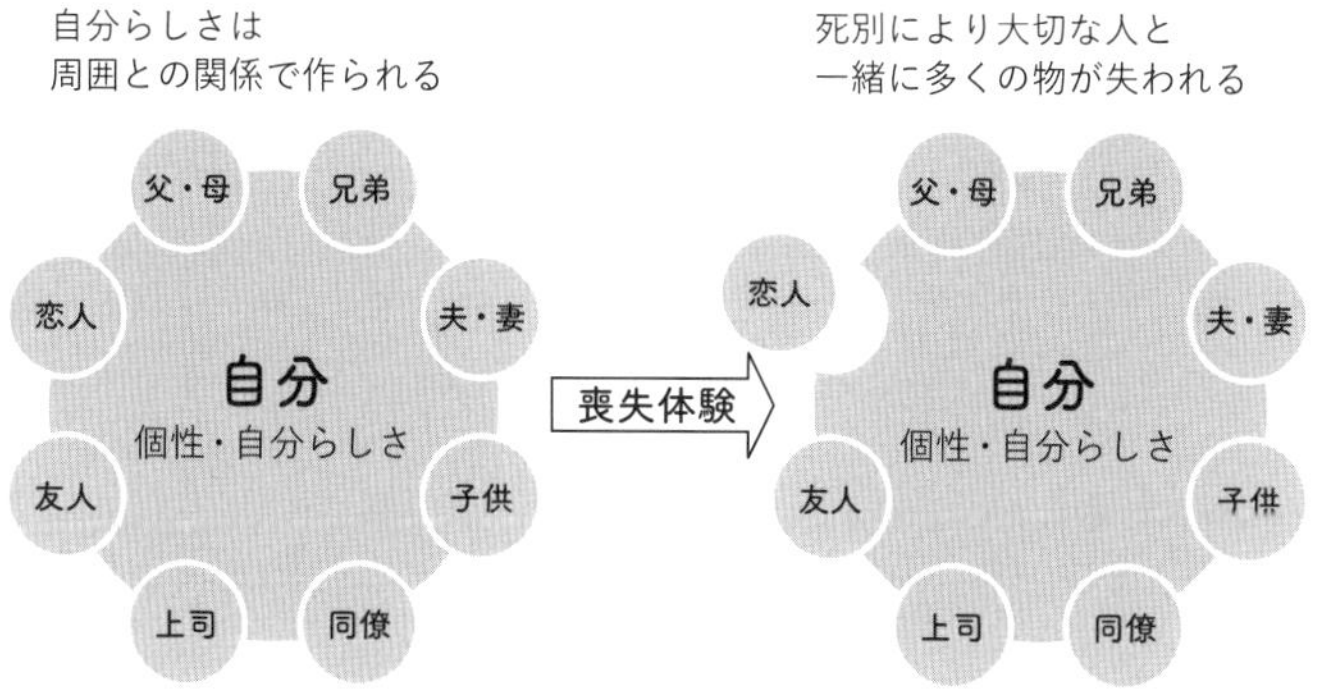

冊子「大切な人を亡くしたとき」より

として笑い話にできたりしますよね？　それと同じで、悲しみに折り合いをつけられれば、人は次に進んでいけます。

でも、そのためにはグラグラ揺れているときに、ちゃんと悲しみと向き合い、折り合いをつけることが必要なのです。

グリーフが生じるのは、なにも死別の際に限った話ではありません。喪失感を覚えるような、ありとあらゆるシチュエーションでグリーフは起こります。

失恋や卒業に伴って、あるいは定年退職後に何も手につかなくなってしまう人がいるのもそうです。自分をかたち作っていた大切なものが失われて、喪失感に襲われます。みなさんは人生のいろんな場面でグリーフに直面するのです。

また、「別れ」だけがグリーフを生じさせるわけではありません。マリッジブルーやマタニティブルーなどもその根底にはグリーフがあるのです。

結婚はポジティブなイベントですが、お互い独身時代の自由な時間を捨てて、二人の生活を創りあげることになります。これまでの生活から捨てなければいけないものが何か絶対に出てくる。そんな未来がなんとなく見通せるので、結婚生活が始まる前から心が乱れていく。しかしながらパートナーである夫には理解できなかったり、自分の不安を他の人に相談することもできず心にフタをして我慢することによって、マリッジブルーというかたちで現れるのです。

マタニティブルーもそうです。妊娠、出産によって女性は身体的に大きな変化を経験します。「母親になる」ということによって、これまでの自分と同じではいられない、独身時代や夫婦だけの生活には戻れない状態になります。

赤ちゃんが生まれてからは、数時間おきに慣れない授乳やおむつ交換などに追われ、睡眠時間もまともに取れない。ましてや、結婚してすぐに妊娠、出産を経験することになると、マリッジブルーの気持ちの整理も済んでいないうえに、さらにマタニティブルーが重なることになります。ここでもまた、パートナーである夫には気持ちを理解してもらえず、忙しくて気持ちの整理をする時間もなく、グリーフによって、マタニティブルーどころか、産後鬱の状態になることも理解できるでしょう。

そして、さまざまなライフイベントのなかで最もストレス係数が高いのが死別です。ご遺族はとてつもなく大きな喪失感を抱えながらお葬式に臨むことになります。

グリーフは「身体」「感情」「人間関係」「人生」に影響する

死別というグリーフを放置するとどうなってしまうのか。先ほど挙げた、ワンワン泣いている長女と、感情を押し殺して喪主を務める長男の例で考えてみましょう。

まず喪主の長男の場合、彼は心にフタをされた状態だといえます。フタの上には〝重し〟が載っています。その重しとは、喪主としての責任感や、「お葬式はこうしなければいけない」と思い込んでいる地域の風習であったり、マナーだったりします。重しが載っているために心のフタが開かず、感情を表に出せません。

対して長女はどうでしょうか。喪失感はあっても、心にフタをされていないので、感情を表に出して思いっきり泣けています。

喪失感に伴う気持ちを押し込めてしまっている状態をグリーフと呼ぶ一方で、反対に開いている状態を「モーニング」と言います。長女はまさにモーニングの状態なのです。

すると、あとになって二人には違いが出てきます。お葬式で思いっきり感情を吐き出せた長女は心の整理をつけられているのに対し、長男はお葬式の慌ただしさが去った頃になって、抑えていたグリーフと向き合うことになります。

グリーフは主に4つの領域に影響を及ぼすといわれています。「身体」「感情」「人間関係」「人生」です。また、この4つはお互いに関係性があるので、どれか一つに影響が出ると、連鎖してほかの領域にも影響が出てきます。

グリーフによって影響を受ける「4つのエリア」

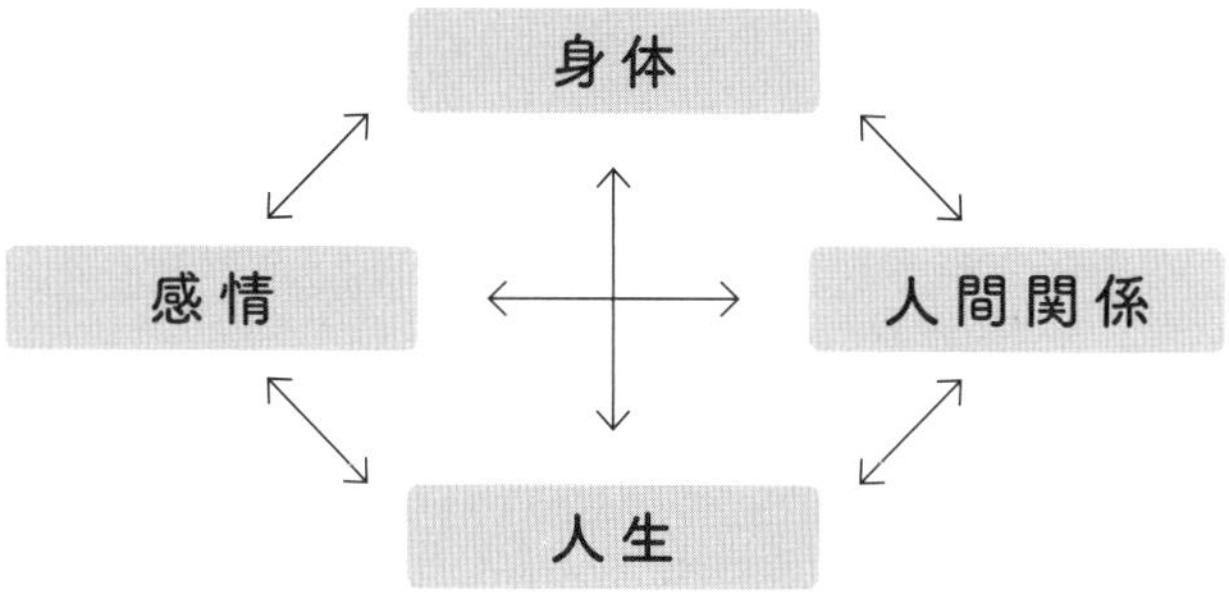

冊子「大切な人を亡くしたとき」より

時間が経てば喪失感がなくなるとは限りません。精神的に不安定になり、本来の自分の目標や生きがいが見えづらくなってしまうことがあります。

また、体調を崩しやすくなったり、「好きだった食べ物が美味しく感じなくなった」などと、味覚や食欲に障害が出るケースもよく聞きます。

さらに身だしなみが崩れていったり、住まいがゴミ屋敷になっていったりして、人間関係に支障をきたすこともあるでしょう。

ほかにも、グリーフに襲われていると以下のような状態になることがあります。もし、この本を読んでいるあなたが、最近誰かとの死別を経験していたら、このような状態になっていないかチェックしてみてください。

□茫然自失になり、しばらく何にも手がつかなくなる
□遺品整理ができないまま、家を放置する
□ふとしたときに故人を思い出して涙が出てくる
□動悸が激しくなったり、めまいがしたりする
□食欲がなくなる、または食べすぎる
□眠れなくなる、または眠くて仕方ない
□時間の感覚がなくなる
□誰かと話していても上の空になってしまう
□涙が止まらない、または涙が出ない
□何も感じない、または喜怒哀楽がとめどなく溢れてくる
□突然、怒りがこみ上げてきたり、罪悪感や後悔にさいなまれたりする
□不安が増して引きこもりがちになってしまう

長く介護していた親が亡くなったとしたら、なおさら一気に喪失感が襲ってくることも

あるでしょう。「明日から介護をしなくていいんだ」と、安堵する気持ちが湧いてくる一方で、「大切な親が亡くなっているのに、ホッとしている自分は薄情な人間なのかもしれない」と、罪悪感を抱えてしまうのです。

また、心の傷は他人には見えにくいものです。周りの人が気遣って「つらかったね。大丈夫？」などと声をかけても、当人は「大丈夫」と答えるだけで、本来吐き出したい感情をなかなか出さなかったりします。

お葬式の場で、周りからは悲しんでいないように見えた長男のほうが、むしろこれからグリーフと向き合うことになる可能性が高いのです。

悲しみと向き合うためのマインドセット

もし先ほど挙げたような状態に陥っていたら、きちんと悲しみと向き合い、「グリーフワーク」をしなければいけません。自分のグリーフと折り合いをつけるのです。

まずは、大切な人を亡くしたあとには多くの人が似たような体験をすることを知り、

「自分はおかしくない」「心が正常に反応しているんだ」と理解することです。自分を責めたり、疑ったりしてはいけません。ありのままの自分でいてよいのです。

また、死別してから時間が経って、一度は心の整理がついたとしても、ふとしたきっかけでグリーフが蘇ってくることもあります。それも自然なことです。

「主人が亡くなった夕方になると胸が切なくなるのよ」
「おじいちゃんが亡くなった春になると寂しくなるよ」

そんな風に、誰もが心のどこかにグリーフを抱えながら生きています。

だから私はご遺族とお話しするとき、「グリーフは誰にも起こりえることなので、あなたがヘンなわけではなく、それでいいんです」と伝えています。

悲しみと向き合うグリーフワークを繰り返し、気持ちを表に出したり、またフタをしたり、と行ったり来たりしているうちに、だんだんと心の整理がついてくるのです。

多くのご遺族と向き合ってきた経験から、私たちはグリーフワークのために必要なこと

グリーフ状態から感情を表に出せるようになるまでのプロセス

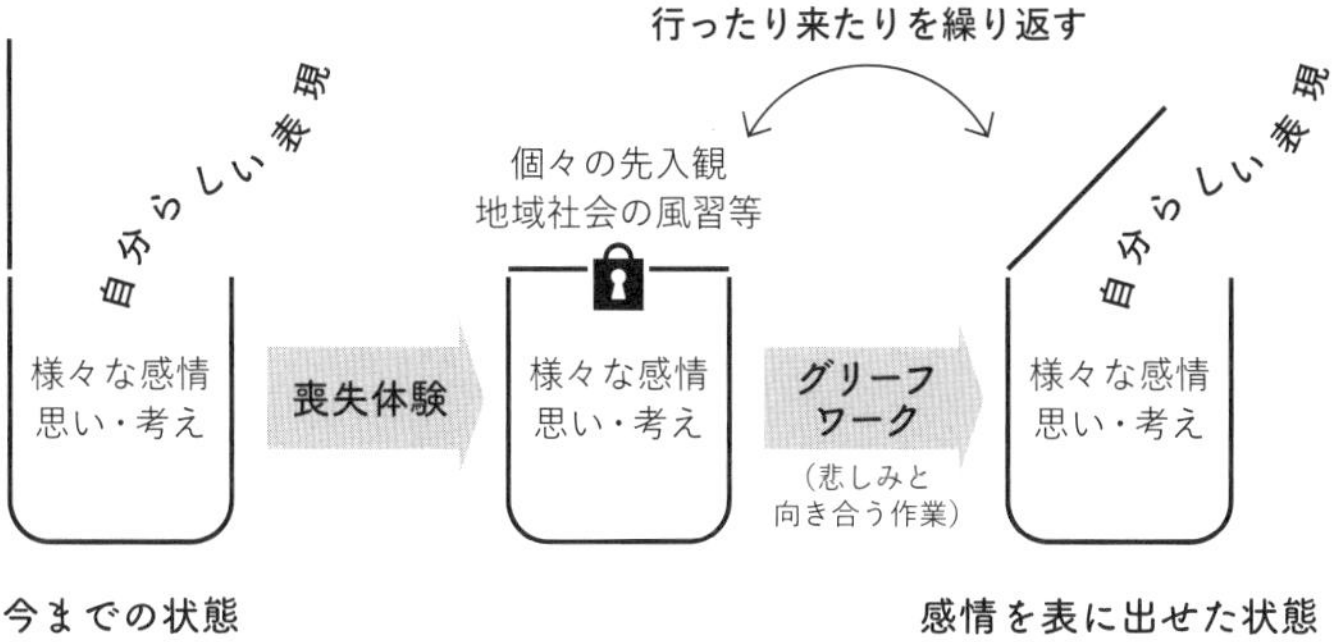

冊子「大切な人を亡くしたとき」より

は、主に6つあると考えています。

1　最後まで話を聴いてくれる人や場所を見つける

2　グリーフに伴うさまざまな感情や思いを遠慮なく表に出し、受け止めてもらう

3　自分や、ご遺族同士のなかだけで解決しようと頑張りすぎない

4　ほかの人の死別体験や、昔の死別体験と比べない

5　助けを求める相手を一人だけに集中させない

6　折り合いをつけることを急ぎすぎない

必ずしも「乗り越える」「立ち直る」を目標に

する必要はありません。故人がいたときとまったく同じ自分に戻ることはないからです。「悲しみに折り合いをつける」「悲しみの置き場所ができる」といった表現を意識してみるとよいでしょう。悲しみを乗り越えたり、立ち直ったりするのではなく、悲しみを抱えたまま、新しい自分に変化していくのです。

お葬式は「最良のグリーフワークの場」になる

グリーフに関する資料のなかで、悲しみに対して「乗り越える」「立ち直る」「回復する」といった言葉が使われていることがあります。しかし、私たちはちょっと違うと思っています。グリーフはだんだんと小さくなっていっても、決して消えるわけではないのです。

だから大切な人が亡くなる前の生活に戻るのを「ゴール」にしてしまうと、ふとした瞬間に「故人のことを軽んじているのではないか？」といった思いが再び湧き上がってくることもあるかもしれません。

そうではなく、グリーフを抱えたまま、折り合いをつけたり、悲しみの置きどころを見つけたりすることを「ゴール」にしておくべきなのです。

その意味で、お葬式は最良のグリーフワークの場になると、私は考えています。

実際に私たちがお手伝いするときには、大手の葬儀社が使うようなマニュアルとは異なるアプローチをとります。

マニュアルでは、「故人のお好きだった食べものは何ですか？」「お好きだった花は？」「趣味は？」といった個人にまつわる質問事項がリスト化され、アンケート形式で答える場合がしばしばあります。

しかし、それだとどうしても機械的なやりとりになってしまい、ご家族のグリーフがどこにあるか、故人の尊厳を守るために何が求められるかが見えてきません。

私はそれよりも、「ご遺族にとってどんなものなら思い出に残るか？」と、ちょっとしたポイントを探します。

たとえば、あるご家庭にお葬式の打ち合わせでお邪魔した際のことです。お庭の木には夏ミカンが丸々と実っていました。それを見て「お庭の夏ミカンが綺麗ですね。おじいさまもお好きだったんじゃないですか？　最後にお棺に納めて差し上げてはいかがですか？」といったご提案をしたのです。ご遺族は賛成してくれて、家族みんなで穫った夏ミカンを式場に持ってきて、棺に納めていました。

ほかのお葬式でも、「お棺に納めるお花は、ご自宅の庭の草花に勝るものはありません。おばあちゃんが育てていたそうですね。持って来て差し上げたらどうですか？」と言うと、息子さんたちはみんなで摘んできて納めていました。

それを見て私たちは「(お庭の草花を) 入れてあげられてよかったですね」とお声がけするのです。

アンケートの回答に沿った花を私たちが用意するのは簡単です。ユリの花を用意し、それをご遺族が納めることも、グリーフワークになるでしょう。

ただ自分たちで育ててきたものや、暮らしのなかにあったものを一緒に見つけて、自分たちの手で持ってきて棺に納める。

そこで、「あなたたちらしいおくり方でしたね」「ほかのお葬式ではできないですよ」と、オリジナリティに自信を持ってもらうことで、「私たちはきちんとおくれたんだ」と感じてもらえる。これが最良のグリーフワークに繋がっていくんです。

第1章で紹介した書家の方のお葬式では、祭壇の横に書斎を再現しました。これも、ご遺族が「おじいちゃんはいつも筆をこういう風に綺麗に置いていたなあ」なんて振り返りながら一緒に時間を過ごすことが、何よりのグリーフワークになるわけです。

劇団の旗を飾ったり、ウイスキーでひたひたに浸したりすることも、立派なグリーフワークです。ご家族のグリーフを見つけ出し、そこに寄り添って想いを実現させるために全力でサポートしているのです。

お葬式のサポートだけでなく、私たちは位牌や仏壇の販売、墓石の斡旋などもしています。でも実は、1時間かけてお客様のところに行き、一つの位牌を売ったところで、ほぼ利益は出ていないのです。

しかし、「その後どうですか?」「お気持ちはどうですか?」とご遺族とコミュニケーションを取ることができます。すると、その方の体調の変化がわかり、お葬式のあとにもグリーフと向き合う手助けができます。

私たちのやり方は、利益には結びつきにくいかもしれません。でも、人と人とのコミュニケーションや想い、供養心をちゃんと伝えていくことのほうが、これからの葬儀業界には大切だと私は考えています。地域の方々を大切にして、コミュニティや地域の葬送文化を守っていくことが、グリーフワークとなるお葬式を提供する土台になっていくと信じています。

お葬式は、亡くなった方と弔う方がいれば、あとはすべてオプションだとお話ししました。そのオプションを考えるうえで重要なのが、グリーフワークの観点です。

極端に言うと、グリーフワークに繋がれば、お葬式のかたちはどんなものでもいいんです。グリーフを通して考えると、お葬式に一本の筋が通っていくのです。

「ご愁傷様です」と言ってはいけないときがある

死別を経験すれば、誰もがグリーフになる可能性があります。それに対して、お葬式を通じて私たちが行うのが、その悲しみと向き合う手助けをする「グリーフサポート」です。

私は、グリーフサポートをする際にはなによりも心遣いが大切だと思っています。

「ご愁傷様です」

よく葬儀の現場で聞く言葉です。大手の葬儀社では、マニュアルに「まず『ご愁傷様です』と言う」と書いてあることもあります。私も電話でお葬式の依頼を受けた際には、最初に言います。

しかし、ご遺族と対面するときにはできるだけ言わないようにしています。なぜなら、ご遺族のなかには「ご愁傷様です」と言われたくない方もいらっしゃるからです。

心の傷を憂いてお悔やみの意を表す言葉だとしても、感情的になっているので「お前に何がわかるんだ！」と反応してしまう人もいます。なかには「高額な葬儀代を請求してくるかもしれない」と、警戒している方だっているかもしれません。

哀悼の意は「ご愁傷様です」と言わなくても表現できます。私の場合、ご遺族にご挨拶する際は、「この度は……」と、目を少し閉じて頭を下げる程度にします。

それだけでも、「ご愁傷様です」と言われたい人はそのように受け取ってくれますし、言われたくない人は「あの人は言わなかったね」と思ってくれます。グリーフサポートには、こうした繊細な気遣いが大切だと常々感じます。

グリーフを勉強すると、「言葉がなくてもいいんだ」と思うことがあります。ノンバーバル（言語以外）の情報は、コミュニケーションをとるうえで言葉以上に比重が大きい部分なのです。

私たちは打ち合わせから葬儀後のサポートまで長い時間をご遺族と一緒に過ごします。故人と過ごす式場での時間を共有しているだけで、「このご遺族の気持ちは今、安らいでいってるな」と感じられる瞬間があるのです。それならば言葉をかけず、ただ一緒に過ごすだけで十分です。

たとえばこんなことがありました。ご遺族は高齢のご夫婦で、旦那さんのお兄さんをおみおくりしたお葬式のあと、待合室のテレビをなんとなく二人で見ていたのです。

二人の間で特に会話がはずんでいるわけではありません。でも、時折ふと「お兄さん、ちゃんとみおくれたねぇ」「そうだなぁ」なんて一言二言を交わしながら、しみじみと物思いにふけっている様子でした。

そんな二人に私が進んで入っていく必要などありません。そっとお茶だけお出しして、二人が思う存分グリーフから癒やされていく時間を見守らせていただきました。

グリーフに寄り添うためには、こうした繊細な振る舞いが大切だと思います。それこそが私たちの専門性であり、ホスピタリティだと自負しています。

地域のグリーフを癒やすサロン「めぐる」という挑戦

小金井祭典では、2011年に「ちょっと訊《き》ける場所　めぐる」というサロンを立ち上げました。小金井市の住宅街に小さくたたずむ、カフェのようなスペースです。

ここでは、お葬式にまつわることをなんでも気楽に無料で相談していただけます。お亡くなりになる前の相談はもちろん、お葬式後でも、思いついたときにふらっと立ち寄ってお茶を飲みながらおしゃべりして帰る……そんな場所になっています。

最近では近くに住むご婦人に声をかけてシュタイナー教育（一人ひとりの個性を大切にする教育方針）の講座をやってみたり、フラワーアレンジメントを作ってみたり、商店街のスタンプラリーの会場になったり、出張パン屋さんになったり。そんな具合に、さまざまな取り組みを通じてサロンを地域コミュニティに開かれた場所にしているのです。

なぜサロンを作ろうと思ったのか。背景にあったのは、お葬式のあり方の急速な変化でした。

近年は核家族化や個人主義が広まった結果、お葬式をあげることを周りの人に言わないご家庭が増えてきています。

親をみおくるときも、「どうせ来るのはきょうだいと孫くらいだろう」と、親戚にすら声をかけません。むしろ親戚の顔すらよく知らないし、友人にも頼れる人がおらず、ましてや近所の人たちなんかに相談するわけがない、といった具合です。

煩わしい人付き合いを嫌ってのことでしょうが、そうなるとどうしてもご遺族は孤立してしまいます。死別によってグリーフになっても、気持ちの整理を助けてくれるような存在がいないのです。

そんな時代だからこそ、葬儀社は頼れる存在にならなければいけません。いざ「お葬式をあげなければ」と思っても、手続きをする場所もわからないし、お坊さんとの接し方も

サロン「ちょっと訊ける場所　めぐる」　カフェのように気軽に入りやすい佇まい

わからないからお寺にも相談できない……だから相談できるのは、自然と葬儀社になります。

そこで、手続きやお寺との付き合い方だけでなく、「心のやり場」がわからなくなったときになんでも相談できるような場所を作ろうと決めたのです。それが、ほかならぬ地域に根差した葬儀社を目指す私たちの役目だと思いました。

これまでも自死遺族の方々による家族会や、ガンとの闘病の末に大切な人を亡くされた方々による家族会のように、「グリーフワーク」を手助けするグループはありました。しかし、特定ジャンルではなく「ここに来たらどんなグリーフでも吐き出していいんですよ」という裾野の広い場所はなかったのです。「めぐる」はそんな場所を目指してスタートしました。

ただ、最初はやはり地域のみなさんにとって〝不思議な存在〟でした。不審がられたのか、ほとんど誰も来ませんでした。

もしかすると、大手の葬儀社が「グリーフサロンをつくります」と拠点をつくったほうが、知名度があるので安心して人が来るのかもしれません。しかし私たちのような小さな葬儀社にできることは、とにかく地道に地域の方々のためになると信じて続けていくことだけです。

とはいえ、一般の方は用もないのにわざわざ葬儀社を訪れません。むしろお葬式に対する負のイメージが先行して、訪れるハードルは高くなります。

その心理的ハードルをどれだけ下げられるか。そこで「めぐる」では、入りやすく、安心して話せる雰囲気づくりを意識しました。

いかにも「葬儀社の事務所」のような空間だと入りづらいので、気さくに話せる女性のスタッフに対応をしてもらったり、おしゃれなお香や数珠の販売コーナーをつくったりして、ウィンドウショッピング感覚でふらっと寄れる場所にしたのです。もちろん、そのついでにお葬式の事前相談や打ち合わせもできます。

イベント会場にするのも同じです。スタンプラリー企画を地元商店会に提案して、「めぐる」にもスタンプを押しに来てもらうようにしました。サロンは商店街から100mほど離れた場所にあるので、スタンプを押すといった動機がなければなかなか足が向きません。まずは来てもらい、「入りやすい場所なんだ」と、存在を知ってもらいました。

フラワーアレンジメントのワークショップでは、参加者のなかに、自分の死別の体験や「これからどう生きていきたいか」という気持ちを話される方がいました。そういったお葬式にまつわる話を気軽にしてもらい、「あとは楽しくお話をしながらお花を作りましょう」という流れに進みます。

体に優しい天然香料で作ったお香や、ミネラルをたっぷり含んだ小笠原産のお塩、スーパーでは買えないようなお数珠なんかを眺めながら、自然と世間話ができれば十分なのです。

この活動は正直に言って、採算度外視です。実際の収益を明かすと、「めぐる」ではお香やお塩の販売で月に数万円の売上はあります。しかし、家賃や人件費、その他の維持費によってそれ以上に赤字が出ています。

それを承知のうえで「めぐる」を続けているのは、やはり葬儀社が地域に必要とされる存在でありたいからです。お葬式のかたちが急速に変わるなかで、これまでは地域や親戚、家族が支えていたグリーフを、葬儀社が支えなくてはいけません。

死別は突然やってくるものですが、いざその場面になってから「はじめまして」と関係性を築くのでは、限界があります。だからこそ常日頃からコミュニケーションをとって、「あそこに行けば、お葬式のことをなんでも相談できるんだ」と、地域のみなさんに知ってもらうことが大切なのです。

その結果、「めぐる」が地域とお葬式の接点として長く存在していければいいなと思っています。

サロンを訪れる「本音」を秘めた人たち

実際に「めぐる」サロンを訪れた人たちとのエピソードをご紹介しましょう。

多くの方はやはり、最初はおっかなびっくりしながらいらっしゃることもあります。ある時、初めてお目にかかるご婦人が入ってきました。「何かご不安なことがありますか？」と尋ねると、「……主人のことなんですけど」と、すごく小さな声で話し始めてくれました。

私はそんなとき、まずはメモを取らずに、じっくりと傾聴するようにします。不安に感じながら入ってこられているのに、ペンやパソコンでずっとメモを取られたら、なんだか取り調べみたいで嫌じゃないですか。

ときには、「よろしければご記入いただけますか」といったかたちで、お名前やご住所、電話番号を用紙に記入してもらうこともあります。ただ、これもご本人からの連絡を間違わないためで、「お葬式に関する項目をチェックしてください」というようなアンケートは行いません。「めぐる」サロンは、あくまで「いつでも相談に来られる場所」だからです。

なかにはお名前を名乗りたくないという方もいますが、それでも構わないのです。

お客様のなかには「本音」を秘めながらいらっしゃる方もいます。ある高齢の男性が相談にやってきたときには、最初は「親戚の話なんですけど」とおっしゃっていました。けれど、よくよく話を聞いてみたら、実はご自身のお葬式が気になって「めぐる」を訪ねられたようです。もちろん、そんなかたちでいらっしゃる方も私たちはお迎えします。

また、ご夫婦で来て、「二人で一緒に死ぬかもしれないし、どっちが先に死ぬかもわからないよね」などと言っているお客様もいました。それだけ聞くと冗談で話している風ですが、目の前にいるご主人がすごく細身で痩せてしまっているのです。

失礼かもしれませんが、私は「本当は何かしらのご病気を抱えていらっしゃるのかも」ということも想定しました。ただ、態度には出しません。そういう方は敏感なので、私が変に気遣いすると逆に気を遣わせてしまいます。

私は相談に来られた方と接するとき、「実際には何が不安なのか」という本音を読み取りたいと思っています。

普通に会話をして、お話を伺っていき、終わってから簡単なメモを書いて、いつ次にいらしてもいいように構えておくのです。

そんな風に、「いつでも相談に行ける」と安心感を持っていただきながら関係性を築いていければ、いざというときご遺族のグリーフに寄り添いやすくなります。

ご相談からお葬式、グリーフワークへと繋がる

ここからは、実際に「めぐる」を訪れたことでお葬式をあげ、その後のグリーフワークに繋がっていったご家族の話をご紹介します。

ある日、60歳代の女性が「めぐる」にいらっしゃいました。お話を聞くと、一家の主である旦那さんが在宅医療を受けていて、「もう先が長くない」というのです。そんなタイミングで、奥様は来るべき「そのとき」に備えて訪れたのです。

奥様は計３回お見えになりました。１回目は看取りやお葬式について「自宅で看取れますか？」「お葬式はどうしたらいいですか？」「家族と親戚の20～30人でやるにはどういっ

たかたちがいいですか？」と、時系列に沿ったお話を。あとの2回は主にグリーフに関することのご相談になりました。

実はこのご家族の場合、娘さんがお父さんと折り合いが悪かったご様子でした。何年も口をきいていない状態で、奥様は「旦那が亡くなったら娘の気持ちがどのようにうつろっていくのか、大丈夫かしら」と気を揉んでいらっしゃいました。私は「大丈夫ですよ」と言い、まずはご自宅の闘病中の旦那様のところに伺いました。

まず問題だったのは、事前に奥様から聞いた話によれば、旦那様はそもそも葬儀社にあまり信頼を置いていないとのことでした。なんでも自分の親を大手互助会のお葬式でおみおくりしたとき、事前に聞いていた話と実際にかかった金額が全然違ったのが苦い記憶になっていたようです。

そこで、まずは「葬儀社です」と言うよりも、「葬儀の仕事〝も〟やっているんですけど、まずはお話だけ聞かせてもらえないですか」とお伝えしたのです。

ご自宅に伺ったとき、奥様はグリーフについて理解が深まっていたせいか、思いのほかにこやかな顔をされていました。対照的に、旦那様は全然喋ってくれません。「これからどういう風にしたいですか？」とお尋ねしても、「もういいから。葬儀屋と話なんかしないから」と突っぱねるだけです。

それでも時間をかけてお話を伺っていくと
「少し前にスカイラインを買ったんだよ」

「それはすごい。乗れるといいですね」

「いやいや、こんな体だからもう乗れないよ」

「そんなことないですよ」

といった他愛ない会話もできるようになりました。そして頃合いを見て「お葬式のイメージとかありますか？」と、尋ねたのです。

「子どもたちがやるだろ。オレは別に何でもいいよ。ただ、いっぱいお金をかけるのは違うと思うんだよね」

それが旦那様のご希望でした。この日はそれで帰ると、すぐに2回目の呼び出しが。

「相談があるんだ。あんたは話せる人みたいだから。実は一番気になっているのが、お寺さんのこと。戒名をどうしたらいいのか。うちの子どもたちはお金を払えるのか……」

そうおっしゃったんです。お父さんは、ご両親によい戒名をつけていたので、子どもたちが同等の金額を払えるのか、負担にならないかを「それだけが本当に心残りだったんだよね」と、気にされていたのです。「ちゃんとお寺さんと話したほうがいいですよ」と、私はお伝えしました。

それが1月の終わりくらいのことです。旦那様が「今年は桜を見られないのかな」とおっしゃると、奥様が「そんなにもつわけないのにね」なんて聞こえるか聞こえないかくらいの小さな声で言いました。私は「もう一回見られたらいいですね」と言って帰りました。

その後、1週間ぐらいして今度は娘さんから連絡があり、「父のところに来てくれているみたいで、ありがとうございます」と言われました。娘さんは、一度実家を出たあとにまた戻られていたのですが、一緒に住むようになったのに全然口もきいていないとのこと。私はお父さんの病状をわかっていたので、娘さんにはこう伝えました。

「絶対にお父さんと今のうちに話をしてください。本当に時間には限りがあります。『そのうち話せるときが来るだろう』なんて思っていたら、そんな機会はもうなくなってしまいます。話さないで後悔するよりも、話して後悔するほうが何倍もいいはずです」

その夜、彼女は久しぶりの父娘の会話をしたそうです。お互いに思いの丈を話して、娘さんは怒りをぶつけ、二人で大泣きしたと。

娘さんにとっては、その夜の会話がとても効果的なグリーフワークになりました。後悔を残しすぎることなく、気分が晴れたようで、私にお礼を言ってくださいました。

旦那様が亡くなったのは、その3日後のことでした。


このご家族は私に、グリーフワークの大切さと同時に難しさも教えてくれました。

旦那様が亡くなったあと、私はお葬式をあげる段取りに進みました。迎えた通夜の当日、奥様が視点が合わないくらいにボーッとしている状態になっていたのです。奥様は「めぐる」でグリーフについてよく学び、「私はもう、全部スッキリしました」とおっしゃっていたのにもかかわらず、です。

お焼香だけはちゃんとできていましたが、会話もおぼつかなくなってしまい、結局当日のことは何の記憶も残っていなかったそうです。

「夫が本当に亡くなったんだ」という事実にいざ直面すると、グリーフの予備知識があっても、やはり抗いきれない喪失感に襲われたのです。

知識だけではダメなのだと、私も奥様から改めて学ばせていただきました。

反対に、お葬式の当日の娘さんはどこかスッキリした様子でした。「自分が綺麗に映ることがお父さんへの手向《たむ》けなんですよ」と、着物のズレなどを気にしていたほどです。娘さんにとってはお父様と過ごした最後の夜がとても大きなグリーフワークだったのでしょう。

お葬式が終わったあとも、奥様はたびたび「めぐる」サロンに遊びに来てくれました。お菓子を持って来てくれたり、近所の障害のある方々の支援ボランティアをされているので、そういった福祉関係者を紹介してくださったりと、今でも関係が続いています。

海洋散骨、樹木葬、孤独死など特殊ケースのご相談

「めぐる」サロンには、海洋散骨や樹木葬を希望される方も多く訪ねてこられます。

海洋散骨は、文字通り火葬後のお骨を海に撒くのですが、ご先祖様の「墓じまい」とい

樹木葬の様子　写真提供／千の風 みらい園

う問題に直面することがあります。墓じまいをするには意外と費用がかさむことがあります。そういった費用などのご相談にも乗っています。

樹木葬のご相談でいらしたご家族は、「自分たちは自然に帰りたい。だから木の下に眠りたい」とお話しされていました。しかし、「樹木葬にもいろいろ種類がありますが、どんなプランがいいですか？」と写真を見ながら値段などを検討する段階になったとたん、「やっぱりやめておきます……」と。急にリアルに感じてご希望が変わってしまったんですね。

ときには樹木葬の霊園の管理をしているお寺さんが「めぐる」に出向いてくれて、

希望者と契約を交わされたこともありました。そのような橋渡しも、サロンの役割だと考えています。

「めぐる」では、ほかにもさまざまなご質問を受けます。

「亡くなった際、そちらに連絡したらあなたたちが迎えにきてくれるの？」

「私の体はどこに行くの？」

「マンションだけど自宅に帰ることは可能なの？」

「亡くなってから1週間くらいは時間があるから、残された家族がお葬式のことを考える時間はあるのね」

若い方も結構な割合で「めぐる」を訪れています。独身で、ごきょうだいがいなかったり折り合いが悪かったりするような方です。

「おそらく今後も結婚はしないし、子どももできません。だから、いわゆる〝孤独死〟したときにどうなるのか不安なんです」

そんなことを行政書士に相談したところ、「ほかの葬儀屋さんだったら話を聞いてくれないけど、『めぐる』なら聞いてくれるよ」と言われて来られたそうです。

最近はインターネットで調べて、「めぐる」を訪れる方もいらっしゃいます。

たとえば、お葬式が終わった直後に「お葬式はよそで済ませたんですけど、その葬儀屋さんには相談したくなくて来ました」という方がいました。お葬式をあげたのはいいが、何か引っかかるものがあってスッキリしなかったのでしょう。実は、ほかでお葬式を済ませたあとに、「本当はこうしてあげたかったの」「ちゃんとお別れしたかった」といった後悔を抱えてサロンに来られるケースは少なくないのです。

お葬式が終わってからでもできるグリーフサポートはあります。グリーフについてお話をしていくと、「思い通りにできなかった」と後悔を抱えている方々でも、法事などの供養を機に私たちがお手伝いすると、「次はちゃんとやりたい」と考え、お葬式との向き合い方を見直されるケースがあります。

その「次」とは、自分のお葬式だと考えて話を聞きに来る方もいます。自分の死後に家族を後悔させたくないからこそ、自分で調べに来るのです。

そういった方には、私たちがある程度グリーフのお話をしながら、「こういうことに備えたほうがよろしいのでは？」といったご提案をさせていただきます。

そして「具体的なプランや金額を検討されるときは担当者を呼びますので」とお伝えして、いつでも気軽にご相談いただけるような関係性にしておくのです。約7割の方が実際にお見積りをとる段階にまで進みます。残りの3割の方々の多くは、私たちとお話をしているうちにスッキリした表情になり、グリーフやお葬式について知って少しは安心して帰っていかれます。

最終的には私たちにお葬式を依頼しなくてもいい

相談内容と本音がまったく違う内容だったこともありました。

「めぐる」を訪れた70歳ぐらいのお婆さんにお話を伺っていたときのことです。最初はご自身のお葬式の相談ということで話が進んでいたので、私もそのつもりで返事をしていました。

「まだお元気でしょうから、お葬式は何年先になるかわからないですよね。もし10年後ならそれほど内容はズレないと思います。でも、20年後なら、葬儀のあり方は随分変わっていると思います。だから今の見積りは参考程度に思っていたほうがいいかと」

そんなご説明をしていると、その方は「実はね……」と、本当に話したかったことを教えてくれました。

「本当は私のことじゃなくて、主人の母親のお葬式のことが聞きたかったんです。でも、義母のお葬式のことを調べるなんて、なんか嫌な嫁だと思われそうで……。今、90歳で自宅にいるんですが、その場合だとお葬式はどうなりますか？」

後から別のお話が出てきても、私は「正直に話してくださりありがとうございます」という気持ちで受け止めます。お葬式の話は、信頼関係が築けていないうちはそう気軽に話せることではないからです。この方には私はこう答えました。

「これまでは70歳のあなたを想定してお話ししていたので、ご友人の参列者が80人規模いらっしゃると計算していました。けれど、90歳のお義母様の場合なら、いらっしゃるご友人は少ないかもしれません。親族で30人であれば、50人が入りきる家族葬のプランに変えると、金額はこれぐらいまで下がると思います」

実は私も、「相談者の方がすべての情報を開示してくれているとは限らない」と思いながらお話を伺います。だからこそ、「よく話してくださいましたね」と感謝をお伝えしてから、より具体的な話をします。

どこまでも寄り添う決意があって初めて、グリーフサポートは成立するのです。「めぐる」は赤字でも続けていきたいと考えています。極論を言えば、私たちにお葬式を依頼しなくてもいいんです。

いざお葬式をあげることになってから私たちが伝えられることには限界があります。これからお葬式に関わるであろうみなさんが、グリーフという存在や悲しみとの向き合い方を理解してくれていることが重要なのです。これは世の中全体で知っておくべきことであり、基礎教養だとさえ思っています。

だから、グリーフについてみなさんが知り、いいおみおくりができる社会を作るための〝起点〟として、「めぐる」はこれからも守っていきます。

コラム③

フロイト心理学から連なる「グリーフ研究の歴史」

グリーフという概念が日本で知られるようになったのは、ここ最近の話です。しかし、実は海外では古くから研究されてきたテーマなのです。

グリーフ研究の歴史はジークムント・フロイトの心理学から始まりました。フロイトは、20世紀初頭に「喪の仕事」（グリーフワーク）を提唱し、この頃すでに、本章で解説してきた「グリーフ」や「モーニング」を人々のなかに見出していました。

のちにグリーフの研究で有名になったのは、エリザベス・キューブラー＝ロス（1926〜2004）という女性の精神科医です。スイス生まれの彼女は、精神科医としてアメリカで活躍しました。そして、1969年に発表した『死ぬ瞬間―死とその過程について』で、「死の受容プロセス」を提唱したのです。

彼女は末期ガン患者を訪ね、さまざまな質問をすることで研究を深めていきました。

「あなたは余命6か月を宣告されましたが、今、どう思っていますか？」

「余命3か月に迫りましたが、今はどんな感じですか？　6か月の頃とはどんな心境の変化がありましたか？」

そんなインタビューをし続けたのです。結果として、彼女は人が死を受け容れるまでには5つの段階があることを発見しました。それは、「否認」「怒り」「取引」「抑うつ」「受容」です。

多くの人は死に直面したとき、受け容れられず、否認したり、怒ったりします。そして「取引」では死から逃れるべく、神などにすがっていきます。

そして、無力さを知り、最後に「受容」に至るというものです。これらは「キューブラー＝ロスモデル」とも呼ばれています。

ただ、これはあくまでもモデルであり、5段階をこの通りに経験するとは限らないことを彼女も指摘しています。しかし、死を前にした人の心が揺れ動いていくことをあらかじめ知っておくことで、私たちもいざその場面になったとき、過度に動揺せずに受容しやすくなるかもしれません。

フロイトの理論や「キューブラー＝ロスモデル」といったさまざまな考え方を経て、アメリカのアラン・D・ウォルフェルト心理学博士が提唱するグリーフの概念を日本人に合ったかたちに変えて普及に努めているのが、この章の冒頭でも触れた私の師である橋爪謙一郎氏です。

実際の現場では、サポート対象の方が「キューブラー＝ロスモデル」から外れるような振る舞いを示すこともあります。だからこそ、「グリーフがその人のどこから生じているか」を私たちの主観で決めつけてはいけません。

なぜなら、答えを持っているのは、その人本人だけだからです。私が「あなたは今こういう状況です」と言うよりも、適切な距離感で「どんな気持ちなんですか?」と尋ねて、隣で寄り添うことを大切にして私たちは動いています。

現代に目を移せば、アメリカでは葬儀社で仕事をするためには「フューネラルディレクター」(葬儀ディレクター)のライセンスが必要になります。大切な存在を失い気が動転していることが多いご遺族が安心して葬儀を依頼できるように消費者保護の観点から厳格にルールが決められています。さらに状況の変化に合わせるために継続教育を受けることが義務付けられています。

ライセンスを取得するための知識は、大学などで学ぶことができるのですが、そのなかでグリーフケアの知識を学ぶことが必須となっています。

小金井祭典を立ち上げて1~2年経ったとき、私はグリーフの理論に出会いました。私たち葬儀社はおみおくりの専門家ですが、亡くなる前の「看取り」に対する理解は不十分なことも多いのです。

しかし、ご遺族にとっていいお葬式をあげようとするなら、いい看取りが欠かせません。最後はみんなが笑顔になれて、故人を「いってらっしゃい」とおくりだせるような温かいお葬式は、やはりいい看取りができていることが多いからです。何年にもわたって本人が一生懸命にガンと戦って、それを周りの人たちが一緒に支えた末に、「みんなで戦って頑張ったね。いってらっしゃい」と思えたら、そのお葬式はきっと温かい空間になるはずです。

いい看取りを作ることがいいおみおくりに繋がるし、いい看取りをするためには、介護や老後もよりよくしていくことが必要です。

最初、私たちはお葬式や供養のことばかり考えていましたが、亡くなる前のシニアライフをトータルサポートできる企業になろうと決めました。そのカギになったのがグリーフだったわけです。

私はまず、東京大学の市民後見人養成講座に通って、シニアライフの実務について専門的な知識をみっちりと学びました。その後、グリーフサポートの師匠と呼べる人に出会いました。前出の橋爪氏です。彼はアメリカで長く学び、前述した国家資格であるフューネラルディレクターを取得して葬儀社で実務にあたっていました。それだけでなく、カリフォルニア州エンバーマー（遺体衛生保全技師）のライセンスも取り、実際に多くのご遺体の修復をしてきた方です。

そうして数多くのご遺体の修復をするなかで、橋爪氏は改めてグリーフケアの重要性に気づいたそうです。ご遺体を修復した結果、「家族のグリーフがどれだけ和らいで、気持ちが楽になるか」を知り、グリーフケアで修士号も取得しました。前出のアラン博士は橋爪氏の師匠です。帰国したあとは日本でグリーフの重要性を伝え続け、私は現在でも橋爪氏とシンポジウムを開かせていただくなど、今も多くのことを学ばせてもらっています。

グリーフサポートを普及させるために、橋爪氏は株式会社ジーエスアイや一般社団法人グリーフサポート研究所を立ち上げ、「グリーフサポートバディ」という資格の認定も行っていて、私もその資格取得者の一人です。

ほかに日本でグリーフを語るうえで欠かせないのは、一般社団法人リヴオン代表理事の尾角光美さんです。リヴオンは「グリーフサポートが当たり前にある社会の実現」を目指して活動している団体です。尾角さんはお母様を自殺で亡くされたことをきっかけに、2009年より団体を立ち上げて活動されてきました。リヴオンが主催する僧侶、葬儀社、遺族（市民）がフラットな関係性で「最高の葬儀」を対話しながら探究する「弔い百年塾」にも講師として呼んでいただき、元リッツカールトン日本総支配人の高野登氏と共に「葬儀と弔いの原点を考える」対談をさせていただきました。

尾角光美さんが、2012年にお兄様を亡くされた際には、私が葬儀を担当させていただいたのですが、グリーフワークを大事にする葬儀づくりを実感され、その後、全国の公演や研修などで、事例として紹介していただいています。

現在、真宗大谷派が教師資格における教育カリキュラムにグリーフケアを導入するにあたって、リヴオンさんが全面的にプログラムづくり、講師養成に携わり、日本にもともとあったグリーフケアのかたちを再構築されています。

余談ですが、橋爪氏が、月9ドラマ『監察医朝顔2』でエンバーミングとグリーフサポートの監修を担当されたときには、私が葬儀のシーンの監修を担当し、スタッフロールにも名前を載せてもらいました。

勉強会や橋爪氏とのお付き合いからグリーフについて学び、私は小金井祭典で実践してきました。そうしてシニアライフ全般の知識を学んでいくと、次第に社会福祉士さんや介護士さん、行政書士さん、弁護士さんなど、ほかの専門職の方々との交流も増えてきました。今では彼らと同じ目線で、亡くなった方をおくりだす地域の仲間になっています。

私は在宅医療の勉強会に呼ばれ、葬儀の現場やグリーフについて講演させてもらうことがあります。そのときに、私はお葬式の資料やパンフレットは一切渡しません。グリーフの資料だけを渡してお話しするんです。

私たちが考えているのは、みなさんのライフエンディングをよりよくすることです。お葬式もあくまでその一環としてあります。結果的に「この葬儀屋さんは相手の人生のことをトータルで考えてくれる」と思ってもらえたら、このうえない喜びですね。

〔第4章〕

お葬式から循環型社会を目指す

――葬儀社とお葬式のホントの話

今でも「葬儀社はぼったくり」「お葬式にはお金がかかる」と思っている方は多いかもしれません。これはバブル期のお葬式のイメージが強く影響しているからでしょう。バブル期には、一般的な家庭の葬儀費用が数百万円かかり、その内訳も曖昧でした。葬儀社に言われた通り、あるいは、ご遺族の方もよくわからないまま「おとなりの佐藤さんのときのお葬式と同じにしてください」というケースが多かったからです。お葬式だけではありません。戒名に高いお金を出す人も多かったうえ、土地価格の高騰に伴ってお墓の値段もうなぎ登り。戒名やお墓に数百万円も出すことが珍しくない時代でした。

しかしバブル崩壊によって、給料が右肩上がりに増えることはなくなり、親の供養に多額の費用をかけた団塊の世代では、自分たちの番には子どもたちに迷惑をかけたくないと、身内だけの家族葬や、通夜を除いた一日葬を希望する方が多くなっています。

そんななか、団塊世代のニーズにもマッチしたネット葬儀社が提供する格安葬儀が急速に広がっています。スマホ一つでお葬式があげられる時代がやって来ました。全国一律のパック料金で、かつてのように「ぼったくられる」心配はなくなりました。しかし値段だけで、葬儀社を選んでもよいのでしょうか。効率化されたマニュアルに沿ってヒアリングが進み、オプションが決まっていきます。ご遺族の気持ちに寄り添う時間はありません。あっという間に、遺骨となった故人を見て、いいおみおくりができたとご家族は思えるでしょうか。

値段がわからないまま進んでいったバブル期の豪華な葬儀から、値段だけでお葬式を選ぶ令和の時代に。あまりにも両極端に葬儀業界は揺れ動いています。それは地域の繋がりが希薄になっていることも一因です。誰に相談したらいいのかわからない人が増え、ネットで葬儀社を選ぶしかないのです。そうすると、ますます街のコミュニティは失われていきます。

お葬式で悩んでいる人が増えているということは、老後の生き方全般、そして地域との関わり方にも悩む人が増えているということです。だからこそ、これからの葬儀社は、トータルにライフサポートができ、お葬式を通して街のコミュニティを再構築していくことが大切な仕事になっていくでしょう。

それだけではありません。もっと広い観点で見ると、循環型社会を実現するために葬儀社ができることも数多くあるのです。

バブル期の葬儀社

なぜバブル期のお葬式の値段は上がっていったのでしょうか。

当時は、テレビCM「24時間戦えますか」が流行ったように、多くの人が働くのに必死で、親の面倒を見てあげられなかったと後ろめたさを持っていました。「最期くらいはせめて豪華におくってあげよう」と、よい祭壇、よい戒名、よいお墓を選んで、お葬式全般の費用がどんどん上がっていきました。

なおかつ、会社関係者の弔問が当たり前でした。花輪が玄関前にずらっと並ぶことも普通の光景でした。会社関係の弔問客が200人訪れ、香典が300万円なんてこともよくありました。そうなると、葬儀代が400万円でも自己負担は100万円です。ちょっと高額ではあっても、苦労をかけた両親のお葬式に出せない金額ではありません。

さらに、今に比べて社会全体が豊かな時代だったので、ご遺族にも経済的な余裕がありました。亡くなった親が遺してくれた財産もあって、さほど問題なく対応できていました。50歳代の喪主が70歳代の親をおみおくりするケースだと、本人の収入もその後まだまだ上がるわけです。

しかし、２０００年代に入り、「高齢社会」から「超高齢社会」に移行してくると、話は変わってきます。喪主が70歳代で、親が90歳代を超えるようなケースだと、自分の老後も不安です。だからできるだけお葬式にお金をかけないようにしたいと思うでしょう。親の財産もあまり使い切りたくないですし。

そのうえ、高齢で亡くなるとその親戚きょうだいや友人もお葬式に参列が難しいし、自分の子どもに負担をかけたくないと考える人が増えたため、お葬式自体の規模が自然と小さくなってきました。

葬儀の規模が小さくなって弔問客も減れば、香典も少なくなります。それならオリジナリティのあるお葬式にしたいというご家族が増え、自由なお葬式が増えていきました。２０００年代初頭のことです。

ところが２０１０年代に入ると、ネット葬儀社が現れました。

「安くてもよい」と考える人の需要をつかんだとも言えますが、それまでのお葬式の相場がガラッと変わりました。

せっかく各家族に合わせたオリジナルなお葬式が文化として定着しそうなときに、また画一的な葬儀に逆戻りです。ただ値段だけが大きく下がりました。

時代の流れといえるのかもしれませんが、旧《ふる》い体質の葬儀社は昔のままの高級路線、一方、格安葬儀もどんどん勢力を伸ばしているなかで、小金井祭典のようにそれぞれのご家族に寄り添う中間帯の葬儀社が苦戦を強いられる状況になっています。

失われつつある葬送文化

元来、葬送文化とは亡くなった方を弔う以外にも、ご遺族が社会から孤立しないための助け合いも兼ねた文化でした。しかし近年、葬送文化は急速に失われつつあります。

私たち葬儀社にも、「家に仏壇がありません」「お墓はどこで買えるの?」など、故人を弔う方法がわからないという相談を受けることが増えています。

昔なら、地域のことをわかっている町内会の会長が老舗の葬儀社を紹介してくれました。

弔い方を知らなくてもご近所さんに教えてもらえたし、急なお葬式であっても町内会や周りの人がサポートしてくれたので、丁寧なおみおくりができていたんです。

しかし今は、葬儀社を探すときは町内会長に頼るのではなく、スマートフォンで検索し、「ネット葬儀社」に依頼する人が急増しています。町内会に入っている世帯も減っているでしょうし、そもそも都会に住んでいると、町内会の存在自体を知らない人も多いのではないでしょうか。

「お葬式はいらないんで、なるべく安く済ませたい」というシンプルなおみおくりの要望も年々高まっています。葬儀社も「料金が高い」と言われるのに慣れてしまい、少人数でやりたいので安く済ませたいと言われたら、ご家族との話し合いもそこそこに病院から火葬場に直行する直葬や、身内だけでの家族葬を提案します。料金は10万円くらいからあります。都内では全体の約6割が直葬といわれています。

ちなみに、家族葬という言葉ができたのは2000年前後のことです。それまでは「密葬」と呼ばれていました。密葬は「本葬」の対になる言葉です。

通信技術が現在ほど発達していなかった時代、日本全国から参列者が集まるのには、1か月ほどかかっていました。したがって、まずはご遺体が保全されている間に集まれる人だけで密葬を行い、その1か月後に1000人を集めた大規模な本葬をしましょうということだったのです。

そのため、「密葬にします」と言われれば、葬儀社としては、「では、本葬はいつにしますか？」となるわけです。さらに密葬は、秘密のお葬式というイメージの響きになるため、家族葬というひびきが好まれ、次第に広がっていきました。

直葬は、火葬場で故人に会える時間は、ものの5〜10分ほど。それを言うと驚く方も多くいらっしゃいますので、棺の周りで1時間ほどお別れ会をできるような提案もしています。そうすると形式上直葬ではあるものの、「みんなで集まった」と言え、近所の人たちと話をするときには直葬ではなく「一日葬」と言えるので、聞こえもいいんです。

そういう積み重ねで、直葬を選ぶ率がちょっと減り、直葬から一日葬に。一日葬から前日に通夜を行う家族葬になっていきます。1年間で行われる葬儀の130万分の1を、そうやって一つひとつひっくり返したいというのが私の願いです。

桶屋、葬具屋から「葬儀屋」へ

葬儀社には実にさまざまな業務があります。

お葬式の段取り、ご遺体の保全管理、各種届出の代行、それから遺言作成のアドバイスやグリーフサポート、ターミナルケアなど、お客様の人生の最期そのもののコーディネートも葬儀社の仕事です。そのなかの一つに、お葬式の道具をレンタルする葬具屋の業務があります。葬儀社の原型は、そのレンタル屋さんだったんです。

江戸時代から明治時代にかけて、ご近所やご親族で人が亡くなったとき、お葬式をあげるために祭壇や位牌、香炉などを貸し出すサービスが増えました。今は葬儀社が一括して、道具のレンタルから祭壇設営、式の司会まで行いますが、昔は分業だったのです。

近所の人たちや親戚一同が一緒になって、その地域や一族の風習をもとに祭壇を飾り、お葬式を行っていました。葬具屋さんは道具を持って来るだけ、そこに葬具を置いたら「では、また明日来ます」と帰っていきました。

お坊さんを呼んできたり、弔問客に振る舞う料理を準備したりなどは、親戚やご近所さんで行っていました。
葬儀社のルーツの葬具屋ですが、さらに遡ってみると桶屋です。桶をつくる技術を持つ桶屋が〝棺桶〟を作るようになりました。時代劇などで見たことがあるかもしれませんが、昔の棺は長方形ではなく、丸い桶のかたちをした座棺でした。ただ棺桶を売るだけではなく、棺桶を載せるための輿《こし》なども含め、さまざまな道具を貸すようになりました。桶屋から、葬具をレンタルする葬具屋さんになり、弔問客を案内したりお葬式の司会をしたりするようなって、なるべく近所の人や親戚の手を煩わせないように役割が増えていき、だんだんと今の葬儀社の形になっていきます。

現在は、親戚や友人にも頼れない。まして近所の人たちには相談できないという人も増えています。すると、お寺のこと、火葬に必要な手続きについても、葬儀社に相談するようになります。気持ちのやり場がわからなくなったときにも、「じゃあ、誰が相談に乗ってくれるのか」となると、これも葬儀社の新たな仕事になっているのです。

桶屋、葬具屋が「葬儀屋」に徐々に変わっていったように、これからの時代の流れに合わせて、葬儀社はさらに変わっていかなければなりません。

コロナ禍でテレワークやオンライン商談が当たり前となったように、もしかしたらオンラインお葬式が広がっていくかもしれませんね。そうすれば葬儀社にもＩＴスキルが必須になってくるでしょう。

今は核家族が増え、なるべく周りに迷惑をかけたくないという世の中です。お葬式も親戚にも知らせず、きょうだいだけで行うケースがあります。

一昔前なら、亡くなった方の面白エピソードを親戚のおじさんが語ったり、おばあさんが大泣きしたりという光景も多く見られました。そういう状況を通して、意外と気持ちの整理がついたものです。しかし、家族だけしか集まらないと、どうやって気持ちの整理をつければいいのか、難しくなります。

それがもし、オンライン葬儀の活用で、再び親戚や近所の人たちが集まりやすくなるのならば大歓迎です。もちろん、最期は実際に会ってお別れをしたいという気持ちは、どれだけＩＴが普及しても変わらないことでしょう。

「私たちだって、霊安室に行くときは怖いんです」

私が葬儀業界に入ってから、20年ちょっとが経ちます。

どれだけ経験を積んでも慣れないこともあります。

それは病院の霊安室での、ご家族との初顔合わせのときです。

ご家族と信頼関係が築けるのか、亡くなった方をちゃんとおみおくりする気持ちのある方なのだろうか、お金の話ばかりしてこないか、と不安なんです。

「え？　葬儀社の人も一緒なの？」と思われるかもしれませんね。

かつての無茶苦茶だった葬儀社を知っているご家族からすれば、どんな葬儀社なのか不安ですよね。葬儀代金をふっかけてこないか、ご遺体を丁寧に扱ってくれるのかどうか。もしくは私のように「ユンボで庭を壊されないか」と不安になるかもしれません（笑）。

「葬儀社はぼったくり」という先入観があると、どんな葬儀社が来るのかと斜めに見られてしまうんです。20年くらい前までは、適当に対応しておいて高額な費用を請求する業者もありましたが、今ではほとんど見かけません。それよりも、今流行っているネット葬儀社の格安葬儀で残念な思いをした経験があり、ちゃんとおみおくりをしてくれるのか不安になっている方が増えています。

もちろんお金は大切です。

しかし、予算内でご家族の期待に最大限応えるのがプロですから、まずはご家族のお気持ちがなにより大切です。

ご遺族のお葬式に対する考え方や、どんなものが好みなのかというポイント。祭壇や火葬炉にも料金の違いがあり、たとえば祭壇なら10万円、30万円、100万円といろいろ違いがあります。希望をヒアリングしながら、お葬式全体でかかるコストを見定めて決めていきます。

おみおくりの代金にはお葬式だけじゃなく、付随していろいろな費用がかかってきます。だからお葬式で全部使い切ってしまうのではなく、お葬式のあとのランニングコストも考えてくださいねという話もしながら、「ご無理のない範囲で」と進めていきます。

そして、わかりにくいと言われるお葬式の値段にも、適正価格はあります。

一つひとつご家族と相談し、決めていけば、適切な値段でいいものは作れるというのが私の考えです。そのためにはご家族との人間関係が不可欠です。

経験上、ご家族とちゃんと話し合えるまでには2時間くらいかかります。「皆さんが気持ちを込めて、ここで故人と向き合うことが何より大事なんですよ」という話をするのですが、その言葉がご遺族にちゃんと伝わるまでの時間です。

でも、亡くなってから火葬までは60〜100時間、約3〜5日間しかありません。最短だと24時間です。とにかく時間が限られています。

その60時間から睡眠時間を引くと、葬儀社とご遺族がコミュニケーションを取れるのは40時間ほど。だからこの2時間は、実はすごくもったいないんです。

だからこそ亡くなってからではなく、あらかじめ葬儀社を決めておいてほしい。事前に葬儀社の担当者と人間関係を構築しておけば、その2時間を故人との別れの時間にあてられるのです。

「亡くなったのでお葬式をお願いしたいんですけど……」とご依頼を受けて霊安室で初めてお会いし、お互い不安を抱えて打ち合わせするのと、「是枝さん、そろそろって言ってたけどオヤジが亡くなって」と伝えるのとでは、ご家族のストレスが違います。その結果、お葬式もスムーズに進められます。

だからなるべく早めに葬儀社を決めておいてください。その会社の社風だったり、担当者との相性もあります。１社だけじゃなく2～3社見ておいたほうがよいでしょう。

そうすれば、お互いに霊安室で顔合わせするときに、怖い思いではなく、つらい気持ちのなかでも少しだけホッと安心できるのではないでしょうか。

スマホ一つでお葬式ができる時代に

地方のお葬式でもインターネットやスマホの普及、都市部で直葬が増えている影響で、簡略化が進んでいます。

もともと、葬儀にかける金額は西高東低と言われていて、特に京都や大阪ではお金を多くかける傾向にありました。

一方、シンプルな直葬は東京から全国へと広がりました。その流れは京都や大阪にも当然伝わり、お金をあまりかけない直葬率が上がっている影響もあって、なし崩し的に全国的な葬儀単価が下がってきています。

全国一律のサービスを掲げるネット葬儀社のスタイルは、一見わかりやすくて便利ですが、地域の文化や風習まで汲み取れないのが現実です。ネットで見つけた「格安葬儀」に電話をかけて、地域の風習も知らないコールセンターから簡単なプランと日時、料金について10分程度聞かされてパック料金を決め、指示を受けた下請けの担当葬儀業者と30分の打ち合わせ。しかも、お葬式の本質をよく理解しているともいえないので、トラブルにも繋がりかねないのは、第1章のコラムでも触れた通りです。

ＩＴ企業が手がけ、潤沢な広告費とＳＥＯ対策に長けたネット葬儀社のサイトばかりがスマホやパソコンの画面に並びます。２０１０年ぐらいからスマートフォンが流行りだし、この動きが加速してきています。

ただこんな時代でも、地域の文化や風習といったよい習慣というのは、亡くなった方を大切に思う人には伝わるし、これからも変わらないと信じています。それを考えると、私たちが伝えなきゃいけないこと、やるべきことはいっぱいあるはずだと思っています。

業界初「エコ葬儀」の取り組み

葬儀業界でも地球環境を考えるエコロジーな動きが活発になっています。

小金井祭典では、２００７年の創業当初から、環境配慮型の「エコ葬儀」というプランを推奨しています。

このエコ葬儀が創業半年後の２００８年に小金井市のビジネスコンテストで賞を獲り、朝日新聞や毎日新聞に取り上げられたことで、それまで「あそこで若い奴がなんか始めたぞ」程度の認識だったのが、「どうやらちゃんとした葬儀屋らしいぞ」と、知名度や信用度を大きく上げることにも繋がりました。

なぜエコ葬儀を打ち出したのかというと、葬儀にまつわるいろんなエコを小金井祭典で繋ぎ合わせられないかと考えたからです。

そこで調べてみると、エコの棺屋さんがあり、葬儀商品にもエコのお線香などがありました。しかし、さらに調べてみても、点と点だけで、お葬式をトータルでエコにしていく情報は見つかりません。「じゃあ、この点と点を繋いで線にして絵を描こう。それはプロデューサーである葬儀社の仕事だろう」と思って始めたのがエコ葬儀です。

まずは食事、精進落としなどに使用するお箸から見直しました。お箸はそれまで、使い捨ての割り箸がほとんどでした。そこで少しでもエコロジーに繋がればと思い、「塗り箸」の利用を始めました。使い続ければ塗りは剥げてしまいますが、塗り直せばまた新品同様の状態になります。

私は塗り直しできる箸を1000膳仕入れ、「これを使ってください」と仕出し屋さんに渡しました。塗り箸を使いたいと言う私に、最初はどこも半信半疑でしたが、それが今では反対に割り箸がすっかり減り、再利用できる塗り箸かプラスチック箸がほとんどです。

葬儀業界は使い捨てが当たり前の文化でしたし、使い回しに抵抗がある人もいます。それに、その土地の風土や風習によっては何度も使い回すのは「縁起が悪い」と言われる場合もあるので、念のため割り箸も置いていました。しかし、今はほとんどの方に環境に優しい塗り箸を使っていただいています。

そして棺は、小金井祭典では紙製のものも使っています。

紙製の棺は通常の合板製のものと比べて、火葬の際に排出されるCO_2を通常の3分の1に減らせ、火葬時間の短縮にもつながり、大気汚染や燃料消費の面でも地球環境に大きく貢献できるというものです。

紙といっても、アメリカのトライウォール社製の軍事用にも使われる強化ダンボールが材料なので、強度に問題はありません。そして燃やしたときに有毒ガスが出ないように、

紙製のエコ棺「エコフィン」。縁取りには国産スギの間伐材を使用

接着剤なども環境に配慮したものが使われています。

紙製の棺も、燃やす際に排出されるCO2を植林やグリーンエネルギーなどによって相殺（オフセット）する、カーボン・オフセットの観点でラインナップしています。すべての棺に植林寄付が付いていますし、故人の名前でカーボン・オフセット証明書が発行できるものもあります。この証明書、四十九日法要などで「お父さん、最期にいいことやったんだな」と意外と盛り上がります。

この証明書は音楽家の坂本龍一氏が代表を務め、国内外で森林再生を手がける一般社団法人モア・トゥリーズに発行してもらっています。

小金井祭典で使ってるエコ棺は原価率が高いんですが、一般的な棺と同じくらいの金額に設定しています。利益率を低くしている理由は、納棺のときに私が「棺は環境に配慮したものをご家族が選んでくれました」と言うことで、認知が広まっていけばいいなという思いから。あとは、これまで受動的だった葬儀社から、「SDGsに配慮したエコ葬儀というものもありますよ」と発信するためでもあります。

最近では、エコ葬儀はさらに一歩進み、「ナチュラル×フューネラル」という取り組みに発展しています。「自然であるさま」のナチュラル、「お葬式」を意味するフューネラルを合わせた造語です。

「ナチュラル×フューネラル」は、千葉県が拠点の葬儀社「こころの風」が始め、広げていくにあたり、一般社団法人森里海の環境基金も立ち上げました。私も同基金の理事に就任しました。

「ナチュラル×フューネラル」では、エコ棺だけでなく、骨壺、生花、返礼品にまでこだわり、総合的にプロデュースされたお葬式ができます。お葬式代の一部は、子どもたちの未来に繋ぐために、森里海の環境基金を通し、自然環境を守る活動をしているNPO団体などに寄付します。葬儀社のなかにもサステナブルな循環型社会を考えている会社は多く、業界での認知度はかなり高まっています。

コラム④ 在宅医療を支える医療従事者たちの奮闘

新型コロナの感染拡大で、3密を避ける、マスクを着用するなどといった新しい生活様式に加えて、病院との付き合い方も大きく変わりました。地域医療の中核となってきた大学病院などでは院内感染が相次ぎ、家族の面会を禁止・制限するようになりました。こうした通院そのものへのリスク意識の高まりから、「在宅医療」を選ぶ方が近年増えてきています。厚生労働省によると、2025年には1日当たり29万人が利用するという見込みが示されています。

在宅医療がほかの医療と異なる大きな理由は、何といっても患者さんが「自分らしい生活を送ることができる」点です。病院では最先端の治療や検査を行うことができますが、決められた時間通りに過ごし、外出も難しくなる。心から安心できる場所とはいえません。

やはり住み慣れた場所、いつもの食事、大切な人との生活を送りながら、健康維持や病状の悪化を防ぐための医療処置、服薬管理を行うことが、生活の質（QOL）を高めるなど、大きなメリットをもたらします。特に、末期ガンの患者さんには、余命を待つという段階になれば、ご自宅で最期を迎えたいという選択をする方が多くいます。

一方で、お世話をする家族や看護師の方はたいへんです。

家族は24時間態勢で様子を見ていなければなりませんし、看護師は、病院にいればナースステーションからすぐに病室まで行けるのに対し、訪問看護ではご家庭まで、ある程度の距離を何往復もしなければなりません。

ただこの過程は、その後の〝いい看取り〟、そして〝いいおみおくり〟にも繋がっていきます。故人をおくる際には、「生前にあれをしてあげられなかった」「これもしてあげられなかった」と、あれこれ考えた結果、葬儀の価格が上がってしまうケースが多々見受けられます。看取りの段階で周囲の人たちが「最大限尽くした」とやりきった気持ちになれば、費用を抑えられるし、その後のグリーフワークにも活きてきます。

在宅医療では、荼毘《だび》に付されるまでの時間、ご遺体のそばで長く過ごせるという利点もあります。「いや、看病が大変だったからもういい。葬儀屋さんに故人を預かってもらいたい」と言う方もいますが、亡くなったあとは看病しなくていいんです。今までは24時間付きっきりで目が離せなかった方に、「お父さん、ちょっと美容室行ってくるわ、あなたのお葬式のためにキレイにしてくるわ」なんて、元気に暮らしていたときのような温かいジョークも言えるわけです。

もちろん、こちらでお身体をお預かりすることもできますが、打ち合わせの段階で「とりあえず一日過ごしてみましょうよ」と提案しています。実際にそうしていただくと、「いやなんかね、通夜までこのままでいい気がする」と考えを改める方が多くいらっしゃいます。故人を慕っていた方々が家に来て、お別れの挨拶をしてくれますし、ご遺族も思い出話に花が咲いて段々と気持ちに整理がついてきて、結果、よいプロセスのお別れができます。

「葬儀屋さんで遺体を預かってくれませんか？　家に連れて帰るのは難しそうだからお願いします」と頼まれるケースもありますが、実際には布団一枚敷ければ連れて帰れますし、マンションのエレベーターでも私が抱っこしてお運びすることもできます。すると、「入院している時からずっと『おうちに帰りたい』って言ってたから、連れて帰れて本当によかった」と、皆さん安堵の表情で話されます。連れて帰るのは技術的な問題もあるし費用もかかる……そういった不安から、「葬儀屋さんで預かってください」と口に出してしまいがちですが、〝アウトソーシングするお別れ〟より、〝自分でつくりあげたお別れ〟のほうが、絶対にみおくる側の満足度は高い。そう考えると、最期は「在宅で看取る」ことを視野に入れていただきたいし、その環境を整えてくれる訪問医さんや、訪問看護師さんというのは、宝のような存在といえるでしょう。

［第5章］

大切な人が亡くなる前に

——「そのとき」のために準備しておくこと

それでは、「そのとき」のために具体的にどう準備しておけばいいのかを、お話ししていきます。

大切な人が亡くなる「そのとき」は突然訪れます。

残されたご家族は、心を落ち着かせる暇もないまま、決めなければならないことに次々直面します。お葬式が終わり、ようやく一息ついたときになって、「こうすればよかった」「どうしてあんなことを」と悔やんでしまうかもしれません。

お葬式だけではありません。

法要、相続、墓じまいとお葬式のあとも、残されたご家族で話し合わなければならない問題は続きます。だからこそ、事前にどのような最期を迎えたいのかについて、元気なうちからエンディングノートをつけてもらうなどして、ご家族に意志を伝えておきましょう。

「まだお葬式のことを考えたくない」「エンディングノートを残すのは恥ずかしい」という方もいらっしゃいます。しかし、必ず訪れる「そのとき」のため、事前に準備しておくことが、いいおみおくりには欠かせません。

あなた自身のため、残されるご家族のために、「そのとき」が訪れてからどういう問題が起きるのか？　第5章で一緒に考えてみましょう。

ロードマップがある葬儀社なら安心

大切な人を亡くされた直後は、憔悴し、混乱状態になる方もいらっしゃいます。そんな状態では、いいおみおくりに向けての話し合いは困難です。

まず故人の身体を整えたら、仏式ならばお線香をあげてもらい、心を落ち着けてからお葬式の相談を始めます。

ご遺族の心をどう整えられるかが葬儀社の大切な仕事です。

そのために、早い段階でご遺族がやるべきこととスケジュールを整理してお示しします。いわゆるロードマップです。

これがネット葬儀社の場合だと、コールセンターとの電話で決まってしまうので、担当者と話すときには、「火葬場は○○日で押さえました。50人来るんですよね。式場はここで、このプランになっています。何かオプションをつけるなら△△万円プラスになります。ではサインしていただいて、次はお葬式の式場で」と確認だけが淡々と進められます。

一方、小金井祭典は、お葬式までほぼ毎日ご家族と顔を合わせます。

「お通夜の料理は前日の夕方までに決めましょう」とか、「お写真は、前々日までに渡していただければ、前日にプリントを確認できますよ」とか、「お花の発注日はこの日だから、それまでに希望のお花を教えてくださいね」とか、それぞれ決めることを一緒に確認していきます。

つまり、そんなに慌てて決めなければならないことは実は少ないんです。お見積りを作るときにも、「ここは変えられないけれど、ここは○○日前までだったら変更できますよ」とロードマップを作って差し上げれば、ご家族は安心し、余裕を持って決めていくことができます。

一部の葬儀社では、夜中に亡くなった方がご自宅に戻られて、ご遺体の保全管理が終わったタイミングが明け方の6時だったとしても、そこから見積りが始まるわけです。「わかりました。じゃあそれでお願いします」と相互確認のもとサインしたとしても、みんな最期を看取るために、2日ぐらい寝ていませんし、判断能力も低下しています。

葬儀のあと、何となく頼んだオプションの積み重ねで、数百万円の請求がきてビックリ。いくら内容がよくても金額的に納得いかなければ、いいおみおくりにはなりません。

私なら、明け方になってしまったときには「こんなときにお見積りしても、お考えもお気持ちもまとまらないでしょうから、明日改めてお話ししましょう」といったん帰ります。

ご遺族にゆっくり寝てもらって、落ち着いた状態で打ち合わせとロードマップ作りを始めるようにしています。一度きりのおみおくりなのに、ご遺族が「思っていたのと違う」と後悔するのは、最も避けなければならないことです。

お葬式の段取り

ここからは、「そのとき」が訪れてから何をすればいいのか、どう過ごせばいいのかについて、実際のお葬式やその後の段取りに沿って具体的にお伝えします。

東京の場合は火葬場が混み合っている可能性もあります。規模だったり、招く人数だったり、どんなスタイルが希望か、宗教者を呼ぶかどうかでスケジュールの組み方は変わってきます。

宗教者を呼ばないとしても、仮にお墓が宗教施設内にある方は、確認が必要です。納骨の際に、そこの宗教者にお葬式に来てもらわないとお墓に入れてもらえないケースがあるため、呼ばない場合でも宗教者に連絡はしないといけません。

お葬式の日程は火葬場と式場とご家族と宗教者の4者が一番都合のよい日を選んでいきます。4者のうち、1者でも都合が悪いと、それは成立しなくなります。ここは無理に急ぐ必要はありません。すべての人の都合がよい日程を相談しましょう。

この流れで意外とないがしろにされがちなのがお坊さんなどの宗教者です。

私は当然しっかり確認しますが、ほかの葬儀社では「○○日で決まったから、この日よろしく！」のような連絡をして、お坊さんが怒ってしまうこともあるそうです。

各所と逐一連絡を取りつつ、おおよそ固まったら宗教者にご家族から連絡を入れてもらいます。もちろん私たちもそのあとで連絡するのですが、やはりご遺族からまず伝えるほうが、宗教者とのその後の関係作りからもオススメしています。

宗教者に「ご遺族からも葬儀屋からも連絡来るんだね」と安心してもらうためです。連絡がいい加減だと、「こんな葬儀屋を選んで大丈夫なの？」と不信感を持たれてしまって、すべてがギクシャクしてしまいます。

そのギクシャクは下手をするとさらに次の世代にまで響いてしまいます。

せっかくお母さんがよい関係を築いていたのに、1回のすれ違いがあっただけで「あのいい加減な家族か」と思われてしまうとすごくもったいないないと思います。

日程を決めたあとは、そこから逆算して何を決めておかないといけないかということになります。来場者の数や、通夜振る舞いでの料理としてどんなおもてなしをするか、祭壇や棺をどうするか、お写真をどうするか、というところです。

たとえば、人数を把握するためには訃報を出したり、電話やＦＡＸやメールで亡くなった旨を伝えて、どれくらいの弔問客が来るのかを把握して、「それでは○日後までに決めてくださいね」という具合です。

もちろんそれぞれでタイムリミットは違いますし、日取りに余裕があればすぐに決めるべきことは少なくて済みます。

併せて、お葬式の準備だけではなく、行政的な手続きも必要になります。

死亡診断書は亡くなってから7日以内に役所に提出しないといけませんが、東京の場合は99％葬儀社が行います。代筆でもＯＫです。認め印だけは必要ですが、代理でも出せます。ちなみに、印鑑廃止の風潮もあって、押印なしに提出できる区役所も出てきています。

死亡診断書と死亡届はセットになっていることが多いのですが、バラバラになっているケースもあるので、お医者さんからもらった死亡診断書と、死亡届をセットにして区役所や市役所に出さなければいけないケースもあります。

書類を出すと、火葬許可書がもらえます。

それがないと火葬できません。火葬の前日までには手続きを済ませる必要があります。ただ、そのサポートや手続きは基本的に葬儀社がやってくれるものだと思っていただいて大丈夫です。

通夜・葬儀の流れ

一般的な仏式の通夜の流れをお話しします。

東京では多くの場合、貸し式場で通夜の日の15時から設営が始まります。そして16時半には控え室が開き、18時から19時までが読経・お焼香。そこからお清めである通夜振る舞い（会食）があって、21時に終わりとなります。ただ、「21時には全部綺麗にして完全に撤収してください」という式場が多いので、実際には20時45分までというパターンがほとんどです。

詳しくお話しすると、ご遺族が通夜の日にご自宅にいる場合は、お昼にいったんご遺体をお預かりするのにお迎えに伺い、ご家族は16時半にお越しくださいという流れになります。最期なのだから、なるべくそばにいたい。ギリギリまで家にいて、一緒に式場に向かいたいというお気持ちもわかります。ただ個人的には日常からおくりだしてほしいという思いもあります。お昼過ぎに平服で、ご自宅から「いってらっしゃい」とおくりだしてあげてほしいのです。

その後にちゃんと身支度を整えて、火の元や戸締まりを確認してから来ていただきたい。そうせずに一緒に家を出ると、準備ができていなかったりして、そわそわしながら通夜に臨むことになります。ご家族はグリーフで認知力や記憶力が落ちているうえ、注意力も散漫になってるので、いったん落ち着いて「ちゃんとお支度とお気持ちを整えてから来てくださいね」というのが私の理想です。

そうして16時半に式場に来てもらって最初にしていただくことは、メイクさんが化粧を

通夜の流れ

開式の辞
▼
僧侶入場・読経
▼
焼香
▼
僧侶退場
▼
閉式の辞
▼
通夜振る舞い（会食）

施した故人のお顔の確認です。

その後に供花の札の名前が間違っていないか、誤字・脱字がないか、順番をどうするかなどを確認してもらいます。

17時ぐらいになると受付の人が来てくれるので、顔合わせとご挨拶をしていただきます。私たちが受付係に説明をしていると、親戚の方も集まり始め、その後17時半ぐらいにお坊さんが到着します。

お坊さんの控え室に行って挨拶するのが5分くらいです。そうこうしていると、今度はご友人や会社関係の人たちが来るので、ご対応していただいているうちに18時の開式10分前くらいになっています。

開式の5分くらい前までに式場に集まってもらい、葬儀社の担当者が前に出て式の流れを説明します。

お坊さんの読経が大体何分くらいで、お焼香がこういう流れになるので、そのタイミングで喪主さんから順番にお焼香してくださいなどとおおまかな式の流れについて伝えます。

18時に開式。読経とお焼香となります。だいたい1時間ほどです。東京では、友人や来賓の方はお焼香をあげたら、お清め所でお食事して、流れで解散になるパターンが多いです。

お坊さんが帰られたのち、お清め所の席が空いていたらご移動いただき、お食事をします。そして20時半ぐらいにはもう1回式場に集まり、故人のお顔を見て、20時45分にはお帰りいただくというのが一般的な通夜の流れです。

通夜の注意点をあげれば、まずは宗教者への挨拶、お布施やお車代、お膳料を渡すタイミングなどがあります。

次に受付係を誰にするかです。お孫さんや息子さんでも構いませんが、なるべく直系の人は式場に座って最初から最後までお坊さんのお経を聞いてもらいたいので、従兄弟や友人、会社の人、ご近所さんがよいでしょう。

また、告別式で棺の中に入れたいものは「お通夜のタイミングで持ってきてください」

と私は言っています。なぜなら葬儀の日に忘れると、取りに帰る時間がないからです。なるべくなら通夜の段階で葬儀社に預けたほうが安心です。

ほかによく聞かれるのは、お焼香のあげ方などマナーについてです。お線香をあげる本数や、鈴《りん》を鳴らす回数は、あくまで自分の心を落ち着かせる所作です。マナーを守るのに固執するよりも、亡くなった方を偲ぶ気持ちをちゃんと持つことのほうが大切です。

とはいえ、「お焼香を何回するのか」に迷う人は多いです。

通常は額にいただいて3回です。浄土真宗では、額にいただかずに「お東さん」（真宗大谷派）なら2回、「お西さん」（本願寺派）なら1回。曹洞宗だったら1回目は額にいただいて、2回目は添えるだけとか。日蓮宗などは3回とか。さらに地域によってもバラつきがあります。

本質は、心を落ち着かせ、故人と向き合う環境を整えること。作法に縛られすぎて、心が落ち着かないのでは、本末転倒です。

参列者が1000人集まるような大規模な通夜では、「お焼香は1回でお願いします」

と、アナウンスすることもありますが、「私は3回しないと落ち着かない」というのでしたら3回しても問題はないでしょう。

宿泊できる式場もありますが、必ず泊まらなければいけないわけではありません。
「泊まらなければならないのですか？」と聞く方には、「どちらでも大丈夫です」と伝えています。ご家族が憔悴している様子ですと、「家に帰ってお休みいただいて、万全など体調で明日を迎えてください」と提案します。

故人をどうしても家に連れて帰りたいと要望されれば、通夜が終わったあとに自宅にもう1回連れて帰って、翌朝再び式場にお連れすることもありますが、これができない式場のほうが都内には多いです。

そして、翌朝はお葬式（葬儀・告別式）の当日です。
開式1時間くらい前からの流れは通夜と似ています。
30分前にはお坊さんが来て挨拶、開式の5分から10分前には式場に入って、葬儀社が式の説明をしたあと、開式となります。

葬儀・告別式の流れ

開式の辞
↓
僧侶入場・読経
↓
焼香
↓
僧侶退場
↓
閉式の辞
↓
お別れ・出棺

最近は初七日の法要も告別式に組み込んでしまうことが多くあります。

火葬場でお骨上げのあとに初七日法要をするのか、告別式中に繰り込みで初七日法要をするのか、これもお坊さん、ご遺族と相談のうえで決めます。

読経が終わればお坊さんが退出します。

弔辞がある場合は読経中に弔辞を読むことがあります。

そして祭壇に飾ったお花を摘んで、遺品と共に棺に納める「お別れ」となります。このお別れの時間を一番大切にしてもらいたいのです。35〜50分の式のあと、お別れの時間となりますので、式は1時間ではなく、お別れの時間に余裕を持てる1時間半をオススメしています。

火葬後も葬儀社の仕事は終わらない

告別式が終わったら、故人は霊柩車で、ご遺族は自家用車やマイクロバスなどで火葬場に向かいます。

火葬の時間は、民間の火葬場だと40〜60分、公営の火葬場だと60〜90分くらいが一般的です。公営の火葬場は火葬時間が長いので、火葬中に精進落としの食事をすることが多いのですが、民間の火葬場の場合は火葬時間が短いため、多くの場合、火葬中はお茶菓子程度で済ませ、収骨が終わってからの食事となります。

火葬が終わったら式場に戻って、精進落としをなさるか、レストランやお料理屋さんへ向かわれるか、食事なしで散会ということもあります。菩提寺の施設を借りてのお葬式の場合は、お寺に戻って、本堂で初七日の法要を行い、庫裏《くり》で精進落としとなります。庫裏とは、お寺の台所のような場所を指します。

お食事が終わって散会したら、ご自宅に戻って、お骨を安置する祭壇を設置します。

火葬の流れ

出棺
▼
火葬場・火葬許可証提出
▼
読経
▼
火葬
▼
収骨
▼
精進落とし（会食）

式場で使ったお花をそこに飾り、お線香のあげ方やお弔いのあり方を説明します。やはりお疲れになっている方が多いので、「精算とか、今後のお弔いや、手続きの流れは後日お話ししますね」とお伝えして失礼します。

その後も、「四十九日までに位牌を用意しておきたい」「墓石をつくるため石屋さんと相談しなければ」と、供養は続きます。

各種手続きも忘れてはなりません。

世帯主のお父さんが亡くなったのなら、世帯主をお母さんにするのか、息子さんにするのかという変更の手続きが必要になります。あとは、年金を止めるための年金事務所での手続きがあります。国民健康保険に加入していた場合は、自治体に申請すれば自治体から葬祭費が支給されます。金額は、東京23区なら7万円です。役所からは何も言ってもらえないので、遺族から2年以内に申請しなければなりません。

それから生命保険はどうしたらよいか、相続はどう考えたらよいか。

そこで専門家が必要になるなら、相続の名義変更の場合は司法書士を紹介しますし、相続税を払うか払わないかの計算をする登記時には土地家屋調査士を紹介します。

数週間後にご遺族の様子をうかがいつつ、返礼品がどうなっているかとか、もろもろの手続きがどこまで進んだのかなどを確認していると、「亡くなった主人の車、もう誰も乗らないんだけど」「使わなくなったおばあちゃんの部屋をリフォームしたい」など、新しい困り事の相談が出てきます。

こんな風にお葬式を通して、小金井祭典は暮らしのサポートまで面倒を見ることが多くあります。そうなると、「○○おばあちゃんの家で電球が切れちゃった」と呼ばれたり、もはや何でも屋さんみたいになってくるんですよね（笑）。

「互助会に入っているから安心」は気をつけて

「そのとき」までに、事前に確認しておくべきことはまだまだあります。

その一つが互助会です。冠婚葬祭のために、月々掛金を積み立て、準備する制度です。

ただし、「うちは互助会に入っているので、お葬式の費用は大丈夫」と親から言われていてもそれを鵜呑みにせず、改めて確認しておくことをオススメします。

なぜなら、30年前に月々3000円の互助会に入っていて、60万円分の積み立てがあったとしても、会員規約に「棺と祭壇にしか使えません」と裏書きがしてあると、葬儀費用の自己負担として結構な額が持ち出しになります。100万円単位の出費は、親が言う「大丈夫」ではないですよね。

これは親が互助会に入会した30年前には、ご近所さんが家を回って、「奥さん大丈夫よ。○○さんのお宅も入ってるんだから、私たちも入りましょう」などと、あまり説明を聞かず、知り合いの紹介だからと入ったケースが多いからです。

ですから、互助会の会員規約をお子さんもチェックしたほうがいいでしょう。できれば、もう一度親子で互助会に話を聞きに行くのが理想です。電話でもよいので改めて見積りを出してもらうと安心です。

互助会に「それ以外には一切お金はかからないですか？」と聞くと、「式場と火葬料が別途かかるのと、飲食代と返礼品代はかかってきます」となり、改めて見積りをしてみると、積立金とは別に追加で１８０万円かかるなどということも多々あります。

そうなると、「街の葬儀屋さんにお願いすれば、もう少し安くできるね」と方針を変えることも十分にできますので、しっかり確認しておきましょう。

互助会で使える範囲を確認して、納得できれば継続すればよいですし、適用されない範囲で費用がかさんでしまうということならば、解約して返金してもらうこともできます。

そもそも互助会は、経済産業省が管轄する全国的な組織です。

全国の互助会会員の前受金総額は、２兆円以上と推定されています。互助会が集めたお金の半分は運営に使ってもよいことになっているため、立派な会館を持っている地域も多く、会館を使えるのは互助会会員だけのメリットです。

お葬式が終わったあとに「互助会の会員証が出てきた」と見せられることもよくありま

す。互助会を使うにしても、使わずに返金するにしても、事前に確認だけはしておいてください。

お葬式の見積りを取ってみる

「そのとき」までに事前にお葬式の見積りを取ることをオススメしています。

直近のお葬式であれば、精度の高い見積りを出すことができるので、多くの場合、実際のお葬式との誤差はほとんど出ません。

小金井祭典に併設されているサロン「めぐる」には、「3か月の余命宣告を受けたので、話せるうちに話したい」などとご本人がいらっしゃることもよくあります。来月には話せなくなってしまうかもしれないけど今ならまだ話せるというケースであれば、祭壇や人数をご自分で考えられるので、ほぼ正確なお見積りを作ることができるのです。

一方で、20年後、30年後の準備を始められている場合、火葬料や搬送料の単価が変動する可能性が高いため、お見積りの金額が大きくずれてきてしまいます。だからそこはあくまでも目安となります。

ガソリン料金や消費税が将来的に上がる可能性もあるため、金額をお約束できないことを承諾してもらったうえで、預託金として小金井祭典に預けている方もいらっしゃいます。

逆に、20年前の見積りを持ってきて「これでやってほしいんだけど」という方もいますが、20年前と比べると今の相場のほうが安くなっているので損をしてしまいます。

第2章でお話ししたように、お葬式は自由です。ほとんどがオプションです。だから小金井祭典の見積書は本当に細かく、パッと見ただけではよくわかりません。ただ、それらの項目を一つずつ一緒に埋めていくことで、「祭壇やお花だけは豪華にしたいけど、予算は限られている」とか、「料理は奮発したいので、ほかでバランスを取りたい」といった相談ができ、ご本人の意向にできるだけ添うことが可能になるのです。

相続対策は転ばぬ先の杖

お葬式が終わったあと、よく問題になるのが相続です。

亡くなったあとに相続税が発生する可能性がある場合は、まだ元気な60歳代のうちから考えていただきたいです。

意外なところでは、お墓や仏壇を買っておけば、相続税対策になります。

ご本人が事前にお墓や仏壇を購入すれば財産が減るので、その分の相続税は減りますし、非課税の祭祀権の継承というかたちで継げるため、ご遺族の負担が少なくなります。

相続したあとでは、「お金はかかるし、別にナシでいいか」と、ご家族がお墓や仏壇を買わないケースも出てきます。すでにご本人が用意していればお子さんたちも「準備していてくれたものだから、みんなで大切に使っていこうよ」と心の持ちようが変わってきます。

生前に仏壇を買う場合、商売っ気のある仏壇屋さんに当たってしまうと、大きな仏壇を薦められるでしょう。並べて見てみると、やはり大きな仏壇のほうがよく見えるものです。「うちの実家にもこういう立派な仏壇があったな」と思って、つい買いたくなってしまいがちです。

しかし、引き継ぐ子どもがマンション住まいの場合、大きな仏壇を買ってしまうと部屋に置く場所がないということもあります。本人の希望も大切ですが、継承していく側のお子さんたちとも相談のうえ、できれば一緒に決めるのがポイントです。

やはり相続はトラブルになりやすいです。

お葬式まで仲良かったきょうだいが、相続の話し合いが始まった途端に険悪な雰囲気になってしまうことがあります。四十九日法要が終わって式場のレストランで長時間の家族会議が行われるケースもたまに見受けられます。

ただ、お金をたくさん遺されている方の多くは、そうしたことを見越して事前に準備をしているので、もめ事は意外と少ない印象です。

一方で、トラブルが多いのは相続額が5000万円以下のケースです。相続税の基礎控除は3000万円＋法定相続人1人当たり600万円。このように相続税がかからないぐらいの資産の場合……「少しでも多く」と取り合いみたいになってしまうようです。「相続税がかからないから、うちは大丈夫」と思って、対策や話し合いをしていないご家庭ほど危ないのです。

墓じまいにいくらかかると思いますか？

あまり知られていませんが、「墓じまい」のお金事情についても触れておきましょう。

相続の話とも関係しますが、亡くなるタイミングでお墓を立てることもあれば、逆にお墓をしまうこともあります。

墓じまいにはいろいろなきっかけがあります。

ご本人がお亡くなりになる前に、自分の死後に子どもたちがお墓を維持していくのは厳しいだろうと判断するパターンや、相続したあとで近くに誰もいなくて掃除も満足にできないから墓じまいしようと決断するパターンなどです。

意外に思われるかもしれませんが、墓じまいにもお金がかかります。

まず石屋さんに支払う墓石の処分費と、外柵を取り壊して更地にするための工事費。ここは地域差が小さいのですが、お墓のある場所の条件によって金額が変わっていきます。目の前まで重機を入れられるのなら費用を抑えられますが、お墓が急斜面にあって重機が入れられないようなケースでは、人件費の分だけ工事費が上がります。

さらに、更地にする際は、お坊さんに魂抜き（閉眼供養）という法要をしてもらわないと、石屋さんが撤去に取りかかれません。お布施は数万〜数十万円です。

住職も人間ですので、心情や人間関係も関わってきます。

今まで3代、4代にわたって付き合ってきた家の当主が変わり、新しい当主が40歳代、住職が80歳代だったとします。それだけ付き合いが長いと「お父さんにもお世話になったし、おじいさんからは子どもの頃に勉強を教えてもらったんだ」と、住職のほうにもすごく思い入れがあったりするわけです。だから、住職からすれば、お世話になった分、新しい当主にはいろいろなことを伝えていきたいと考えるんです。

でも、新しい当主のほうは、おじいちゃんから子どもの頃にそのへんの話を少し聞いていたとしても、お墓を維持できない以上は墓じまいを選び、ネットで調べた代行業者に依頼。いきなりお寺に行政書士が現れ、「墓じまいしたいので、おいくらお包みすればよろしいですか」と言われれば、当然、住職はがっかりします。

住職も人の子です。がっかりした気持ちは離檀料の金額にも表れるかもしれません。

こうしたすれ違いを避けるためには、私たちがアドバイスに入りますので、金額の細かいところはご相談ください。

墓じまいを考えるときには、よい石屋さんと繋がっておくことも大切です。

お寺さんとしては、知らない石屋さんを墓地に入れたくありません。トラックを横付けして、仏様に挨拶もせずにズカズカと土足で踏みならしていくような石屋さんは、やっぱりほかの檀家さんの手前、墓地には入れられません。

ネットで格安の石屋さんを検索してお願いしてみたら、石屋さんではなく土建屋さんがやってきて、隣のお墓に平気で腰掛けながらタバコを吸って休憩していた、といった話も実際に聞きます。

お墓参りをしているほかの檀家さんから「住職、うちの先祖が眠っている大事なお墓で、あれはなんですか?」なんて言われたら、住職も立場がないですよね。

そんなトラブルを避けるためにも、寺院・墓地に慣れているちゃんとした石屋さんを選びたいものです。選ぶ目安として、一般社団法人全国優良石材店の会(全優石)という組織があるので、その加盟店なら一定の信頼を置けると思います。

ライフエンディングは笑顔で話せるうちに

ライフエンディングに事前の準備が大切だと知っていても、話し合うきっかけが自然に訪れるわけではありません。子どもからは言い出しにくく、もし親が話を切り出しても、子どもは受け入れにくいものです。

しかし、いつまでも先延ばしにはできません。

親の最期について考える場合、ご自身と親で笑い話になるうちにライフエンディングについて話し合っておくことが大切です。


想像してみてください。余命宣告を受けたあとでは、お葬式や亡くなったあとのことを急に話しづらくなります。

「余命何か月」だったり、ガンが見つかってしまい「1年後の生存率は何パーセント」というようにリアルな数字を突きつけられると、明らかに空気が変わってしまいます。

焦るご本人は、お葬式や残されるご家族のことを考えたいと思います。しかし、周りの反応はこうなります。

「母さん、そんな話はいいから。この薬効くらしいよ」

「このキノコが効くらしいから自然療法やってみよう」

ご家族は「お母さんがいなくなっちゃうんだ」と実感して、すでにグリーフが始まっているのです。その影響で「そんな話はしたくない」と、反対の方向に思いが向いてしまうことがあるんです。

だからこそ、できれば笑い話になるうちにライフエンディングについて話しておくことが重要です。親子とはいえ、世代間で認識の差は必ずあります。そのギャップを早めに埋めておけば、お互いが嫌な思いをせずに済むはずです。たとえ埋められなくても、ギャップがあることがわかるだけで、その後の話し合いは変わってきます。

「笑い話になるうちに」と述べましたが、やはり話し出すきっかけ作りは難しいと思います。そのきっかけの一つとして、子どもが率先してエンディングノートを書いてみることは有効でしょう。

たとえば、こんな風に話すこともできるはずです。

「私はまだ40歳代だけど、急死してしまった友達がいて周りが大変だったんだ。それもあって、最近流行っているエンディングノートを自分でも書いてみたんだよね。もし興味があれば一緒に書いてみない?」

元気なご両親だと「お前、オレのこと殺す気か」と言われるかもしれませんが、実はエンディングノートは、書いていたほうが長生きするケースも意外とあるんです。なぜなら、自分の最期を考えることは、それまでの時間をどう生きるかを考えることでもあるからです。多くのエンディングノートには、実は亡くなるまでのこともたくさん書いてあります。

要するに、「あなたが死んだら困るから」ということではなく、「建設的な話がしたいんだ」という方向性で話をすることが、最初の一歩を踏み出すうえで重要なポイントになります。

はじめは自分の親に受け入れてもらえなかったとしても、「会社の人やお友達に聞くと書いてる人も多いらしいよ」と伝えれば、回り回って自分の親も「じゃあ書いてみようかな」となるかもしれません。

「亡くなる直近の10年は寝たきりになって、子どもに迷惑をかけようと思います」という方はまずいません。そうなる前に「健康寿命を延ばせるように、今ここでスポーツジムに通わないといけないいな」と考える方のほうが多いでしょう。

エンディングノートを書くことは、自分の意思を認識することにも繋がり、「ゴミ屋敷を押し付けるわけにはいかないから、自分の部屋から少しずつ整理してみようかしら」とか、「代々受け継いできたお墓の維持を子どもにも続けさせるべきか」などと考え始めるきっかけ作りになるわけです。

コラム⑤にエンディングノートの実例を掲載しているので、参考にしてみてください。

ただ、当然センシティブな話です。里帰りしたときにいきなりエンディングノートの話を切り出すと、拒否反応を示されることもあります。普段から何気ない会話のなかで、コツコツと進めていくことが何より大切です。

コラム⑤

エンディングノートで新たな自分を発見

エンディングノートは遺言書ほどハードルが高いものではありません。お金に関することから、SNSのID・パスワードなどのデジタル遺品のことまで、幅広く書いてもOKです。何度も書き換えをすることもできます。

ただ、書かれた内容は、あくまでもご家族や相続人に対する「お願い」にすぎず、法的効力がないということは覚えておきましょう。

エンディングノートには、書いておくべきポイントがいくつかあるので例を挙げていきます。まずは、「自分史」の振り返りです。好きな食べ物や趣味などを書いていくことで、「こんなことが好きだったな」と、自分自身の新たな発見に繋がるかもしれません。介護をする人がエンディングノートを見て、好みや趣味を把握するという使われ方もあるので、できる限り詳細に書きましょう。

次に、「資産」の項目の記載です。貯蓄・保険・年金・不動産・クルマなど、洗い出してみると、思っているよりもたくさんの資産を所有している場合があります。もし独り身で相続人がいない場合、財産は国庫に入りますので、「日本赤十字社に300万円寄付してほしい」などと書き留めておくと、弁護士さんが入って管理してもらえる可能性があります。預貯金の欄にキャッシュカードの暗証番号もまとめておこうと考える方もいるかもしれませんが、万が一悪用されることを考え、エンディングノートに記載するのは口座の一覧だけにとどめ、暗証番号や銀行印は別途保管しておくほうがよいでしょう。

また、忘れてはならないのが「負債」について記しておくことです。借金は恥ずかしいという思いから、家族には内緒にしておきたいという人は少なくありません。しかし、相続放棄ができるのは相続の開始があったことを知った時から3か月以内です。残された方が苦労しないように、借金の額も正直に記しておきましょう。

「葬儀」に関する事柄も必須の記載事項です。最近では、葬儀社と生前契約をするケースが増えています。ですが、この契約が共有されていないまま、「そのとき」が訪れてしまった場合には、家族が戸惑ってしまうことも。生前契約をしていない場合は、葬儀や喪主の希望を残しておけば、お葬式がスムーズに行えます。

また、葬儀に参列してほしい方々のリストを残しておくと、漏れなく訃報を届けることができます。小規模のお葬式を希望される場合は、誰を呼ぶか呼ばないかを明確にしておきたいです。その後、先祖代々の墓に入るか、新しくお墓を購入してほしいのか、散骨を希望するのかなど、墓地選びや費用に関することも併せて記載しましょう。

そして、エンディングノートでは「大切な人へのメッセージ」を書くことを忘れてはなりません。メッセージといっても、特に難しいことは考えなくてもよいのです。ただ純粋に、出会ったときのこと、楽しかった思い出、今まで言えなかった感謝の言葉など、思いつくままに書き出してみましょう。少々気恥ずかしさを覚えるかもしれませんが、「ありがとう」の一言があるだけで、人は嬉しく感じるものです。

ちなみにノートの種類は、ＮＰＯ法人が作成しているものがオススメです。というのも、彼らは後見人を担当することが多々あるため、家族の思い出、仕事の経歴、認知症や寝たきりになったときにどんな介護をしてほしいかなど、故人が残したかった事柄を漏らさず把握できるエンディングノートになっているからです。

私がセミナーでよく言うのが、ポイントごとにまとめたエンディングノートを3冊ほどつくり、別々に保管しておいたほうがよいということです。

自分の持病や常備薬や、かかりつけの医療機関に関することなどを書いたエンディングノートは玄関先に、財産管理に関することは金庫の近くに。葬儀の希望や宗派などは仏壇の近くに、と分けておく方法です。

こうすることで、たとえば訪問介護のヘルパーさんが玄関に置いてあるエンディングノートで常備薬や持病の確認を簡単にできますし、一方でそこには資産やお葬式の希望などは記載されていないので、プライバシーも守れます。

また〝おひとりさま〟であれば、エンディングノートを棚の奥にしまい込んでしまって、誰も場所を知らず発見されなかったということもありえますので、訪問看護の方や民生委員の方に、「どこどこに置いてあります」と伝えておきましょう。

しかし、「さあ、書こう」と意気込んでエンディングノートの1ページ目を開いても、家系図やら、本籍地、詳細な経歴など、いざ書くまでにはかなりの気合がいると思います。そういうときは、書きやすいところからでよいので、少しずつ埋めていってください。書いていくうちに、伝えたいことがまとまってくるはずです。

そして最後に、エンディングノートを託す人に向けて一筆書いてもらいたいことがあります。

「託す人へ。いろいろ書いたけど、最終的にはあなたの判断に任せます」

この一言があるだけで、残されたご家族がどれほど助かることでしょうか。

「お葬式は派手にしてほしい」と書いてあっても、そこまで費用をかけられない場合もあります。「〇〇式場で式をあげてもらいたい」と書いてあっても、改装中のことだってあるでしょう。「○○さんだけはお葬式に呼ばないで!」とあっても、「あ、呼んでしまった。○○さん、美味しそうにお寿司を食べていたな……」という話にもなります。

だからこそ、最終的には託す人に委任してあげてほしいのです。


病気になったとき、亡くなるとき、亡くなったあと、どのタイミングであろうと、「自分のことは、自分で片付ける」とはいきません。元気なうちから残された人のためにエンディングノートを書く大切さをわかってもらえれば、と思います。

それでも、本格的なエンディングノートはまだちょっと……と書く気持ちの整理がつかない人のために、巻末付録として特に重要な項目だけに絞ったエンディングノートを準備しておきました。ご活用いただければ幸いです。

1　介護についての私の希望

私に介護（寝たきり・認知症）が必要になったとき

○介護は誰（配偶者・子ども・親族・プロ）にまかせますか？

理由

○介護の場所について

・可能な限り自宅で

理由（具体的に）

・病院・施設・ホスピスで

私が希望する施設名

○費用について

私の（預貯金・年金など・不足の場合はリバースモーゲージ・その他）でお願いします

○寝たきりなど要介護時の財産管理は

配偶者・子ども・その他　　　　氏名（　　　　　　　　　）

後見人に　　　　　　　　　　　氏名（　　　　　　　　　）

理由

2　成年後見制度（任意後見・法定後見）について

（介護保険制度と同じ2000年に法制化）

○任意後見契約を　（しています［　　］／していません）

・誰に頼みたいですか

（家族／友人・知人／NPO法人／市民後見人／専門職／思案中／その他）

・頼みたいこと

・頼みたくないこと

・いくらで頼みますか（月　　　　　円）

・後見人の連絡先

○法定後見（認知症になったときは裁判所が決定）

3　医療についての私の希望

私の体重（　　　　kg）身長（　　　　cm）

服用の薬（　　　　　　　　　　　　）

○してほしくないこと（例：苦痛を伴う検査）

喫煙　　なし　　　あり（1日に　　本）

飲酒　　なし　　　あり（1日に日本酒、焼酎、ウイスキー、その他を　　本）

アレルギー　　なし　　あり（　　　　　　　　）

○告知　病名の告知（してほしい／しない）

　　　余命の告知（してほしい／しない）

　　　アルツハイマー（してほしい／しない）

○献体　　　する（登録証あり／登録証なし）　しない

○臓器提供　する（臓器提供カードあり／臓器提供カードなし）　しない

看取りの際の希望

（例：平均寿命まできたらその後は自然にまかせます）

○判断能力がある間は自分で決めます

○救急車を　（呼んでください／呼ばないでください）

○尊厳死を望みます。　（はい／いいえ）

○回復が見込めない場合（口から食べられなくなったとき）

○延命治療を

・希望する（最後まで希望／人工呼吸器まで／栄養補給まで／その他　　　）

・希望しない

○苦痛を和らげるホスピス治療の希望　（する／しない）

私が希望するホスピス

4　終末医療について

私の意思表明ができなくなったときのために（私のこと・ペットのこと）

＿＿＿＿＿＿＿様へ

要望

年　　　　月　　　　日

署名　　　　　　　　印

＿＿＿＿＿＿＿様へ

要望

年　　　　月　　　　日

署名　　　　　　　　印

（例）

この意思は、私が健全なときに書いたものです。

自分で食事がとれず回復の見込みがない場合、死期を延ばすための検査や延命治療は希望しませんが、苦痛を和らげる処置だけはお願い致します。

（例）ペット

太郎は私と共に生活している犬です。

どれほど太郎に心を癒されたことでしょう。

私が入院した時や、万が一のときには太郎を＿＿＿＿＿＿＿＿＿＿＿＿＿＿

＿＿＿＿＿＿＿＿＿＿＿＿＿＿＿＿＿＿でお願い致します。

費用については（　　　　　　円）の用意があります。

5　財産について

○財産の処理について　・遺言書に沿って分けてください

・家族にまかせます

・遺言信託（信託銀行）にまかせてあります

・後見人にまかせてあります

・管財人にまかせてあります

・すべて寄付してください

・ペット費用　　　　円　　　　　　さんへ

○現在　貸付金あり（氏名：　　　　　　　　金額：　　　　　　　　円）

○借入金　　なし

あり　　ローン（　　　　　　　　　）

金額　（　　　　　　　　円）

借入先（　　　　　　　　　）

借入の理由

6　私の葬儀について

（人生最後のセレモニーです。予期せぬ時、突然かもしれません。慌てないために「こうしてほしい！」とはっきり伝えましょう。また葬儀社との生前予約見積りがあるとトラブル防止になります。）

○遺影　準備してある／使ってほしい写真がある／おまかせする

○私のお葬式（形式、希望をはっきりと書いてください）

○お葬式　（する／しない）

○お坊さんをお願い（する／しない）

○戒名（不要／必要／用意あり）

○宗教（無宗教／あり　　　　　宗）

○寺院・教会名（住所：　　　　　　　　　　　ＴＥＬ：　　　　　　　　　）

○葬儀社（　　　　　　　　　　　　）

○喪主（　　　　　　　　　　　　）

○費用（現金から／保険から／家族にまかせる）　　　　　　　　　　円くらい

○葬儀の見積り（あり／なし）

○式の大きさ

□直葬（火葬のみ）　　　　　□家族葬（少人数）

□一般葬儀　　　　　　　　　□お別れ会（偲ぶ会）

□社葬　　　　　　　　　　　□密葬（後に本葬あり）

□その他（リビング葬／香典葬／音楽葬など）　□生前葬（ハッピーエンディング）

○香典（辞退する／頂く）　○香典返し＊会葬メッセージも考えておきましょう

○香典を寄付（する／しない）　○死亡通知（作成済み／既製品で）

○納棺時（　　　　　　　　　　　　　　　　　　　　）を入れてください

7　私のお墓について

○お墓（必要／不要）

・どこに入りますか？（先祖代々の墓／公営墓／寺院墓／民営墓／その他［　　　　　］）

・誰に納骨を頼みますか？（　　　　　　　　　　　　）

・墓守は誰がしてくれますか？（　　　　　　　　　　　　）

・お墓を引っ越しする場合（　　　　　　　　へ）

・分骨の場合（分骨証明証が必要／火葬時に申請）　・分骨先

○お墓が不要の場合

（永代供養／納骨堂／合祀墓／自然葬散骨＝［海・山］／樹木葬／その他［　　　　　］）

・手元供養（ペンダント／置物など）

・仏壇（あり／なし）

○法事について（希望する／希望しない）

・どんな形で、招く人は？　費用は？

8　遺品について

○形見分け　大切に使っていただければ嬉しく思います

贈る相手	品物	理由

○遺品整理

・誰に頼みますか？（　　　　　　　　　　　　さん）

・専門業者に（　　　　　　　円）で頼みます

・どんな風に？（衣類、家財、仏壇、人形、雑貨、ペットetc）

9　託す人へ

　　　　　　　　　　　　　様

私なりの希望をたくさん書きました。でも最終的な判断は貴方におまかせします。
よろしくお願いします

年　　月　　日

署名

最後にもう一つご紹介したい「おみおくり」

日本一笑顔になれるお葬式——。

これまで私が手がけてきた数々のお葬式をご紹介してきましたが、お話ししたい「おみおくり」がもう一つあります。

懇意にしている建設会社の会長さんから呼び出されました。

「オレはガンだから、もうすぐ死ぬ」

そのときすでにステージ4。医者からはあと1~2年と告げられていたようです。

ご家族はさぞ重い雰囲気になっていらっしゃるのかと思ったら、「さあ、お葬式の写真を選ぶか」と、遺影に使う写真をご家族で選び始めたのです。

「これまでオレはいろいろなお葬式を世話してきたけど、遺影がみっともないことが一番気になったから、自分で先に決めておきたい」というわけです。さすがに「今、ここで決めるのですか？」と思いました。でも、言い出したら聞かない人です。その場で何枚か候補をお選びになりました。どの一枚にするかは、正月に親戚一同が集まったときにみんなで決めたようです。

ご相談で会長宅に何度か伺っていると、「旅立つときに、みんなギャーギャー泣くのは、やめさせられないか。安心して向こうにいけやしない」と言うのです。

「死んだらどうなると会長は思っているのですか？」と私は尋ねました。

「死んだら無になるだろう。何もなくなるのだから、ギャーギャー言わないでもらいたい」

「死んで無になるのでしたら、周りの人が騒いでもいいじゃないですか。会長が亡くなれば、みんなつらいんですよ。だからつらいって言わせてあげるのが、旅立つ側のマナーではないですか」

そう私が言うと、周りのご家族は「ナイス、その通り」と賛成してくれました。

その後、会長は次第に弱っていき、ついに長男から「オヤジが逝ったよ」と電話がかかってきました。

ご遺体の保全のためにドライアイスを持って会長宅に伺うと、15人ほど親戚が集まっていました。お亡くなりになった直後なのに、なぜかみな明るく笑っているんです。

長男は「是枝さん、オヤジが亡くなったとき、本当に面白かったんですよ」と言うわけです。「どうしたのですか?」と尋ねると、

「いやー、オヤジがさぁ、もうだいぶ息が浅くなってきたから、みんなで囲んで『おじいちゃん、ありがとうねー』と一人ずつ声かけてたんだよ。だんだん脈もゆっくりになっていって、『そろそろだね』というときに、お袋がいきなりオヤジの手をガッチリ掴んで、『あなたー。愛してるわよー!』って叫んだんだ。そしたら、心拍数の数字がビクビクと大きく動いたんだよ。オヤジもびっくりしたんだろうなあ」

それで、ご家族はゲラゲラと笑っているわけです。

お母さんは「恥ずかしいから、その話はしないで!」と言うのですが、そのたびにまた笑いが起こる。最高の看取り方ですよね。

それから「会長を奇麗にしてあげようね」と言って、お孫さんたちには部屋から出てもらいました。息子さんと娘さんたちで、「じゃあお下のお掃除をしましょう」と、まず臀部を拭いてあげて、身体全体も奇麗に拭き、そして浴衣を着せました。

会長は「お風呂に入りたい」と言っていたので、翌日、湯灌をしてあげようということになりました。お風呂はプロにお任せすることになりますが、その手前まではご家族でキレイにできます。在宅で看取った場合は、それまでにもオムツの世話をしていたわけですから、それができる環境が整っています。もし病院で看取っていたら、そういうことはできなかったかもしれません。

ご家族や訪問医療をしてくださる医療従事者のみなさんの支えがあって、素晴らしい看取りができます。いい看取りは、いいおみおくりに自然と繋がっていきます。お葬式の場も笑顔に溢れていたことは、言うまでもありません。

その光景を見て、これからも私は「日本一笑顔になれるお葬式」を一つでも多く手がけていきたいと、思いを一段と強くしました。

おわりに

最後になりましたが、本書を執筆するにあたって多くのみなさまにご協力いただけたことに深く感謝申し上げます。執筆に取りかかっている間に、東日本大震災から10年の3月11日、小金井では『第8回バチカンより日本へ祈りのレクイエム２０２１小金井特別公演』と題し、バチカンのフランチェスコ・モンテリーズィ枢機卿が、東北とバチカンを一年ごとにめぐるコンサートが開かれました。

私も実行委員会の一人として携わり、その前座として【生と死をみつめるシンポジウム】を開催しました。第一部の講師が本文でも紹介した橋爪謙一郎さん。第二部のファシリテーターに浄土宗蓮宝寺の小川有閑住職をお迎えし、パネリストを真言宗豊山派真蔵院の孤島法夫住職と、一般社団法人「The Egg Tree House」の西尾温文さん、橋爪さん、私が務め、パネルディスカッションを行いました（この模様は小金井祭典のホームページと小金井祭典のYouTubeチャンネルで見ることができます）。このコロナ禍でどうグリーフと向き合っていくかを温かく話し合えたよい集いでした。

パネリストみんなで今後もぜひ続けていきたいと話していた矢先の6月9日、西尾さんがお亡くなりになられたとの知らせが入りました。西尾さんはご自身のお嬢様を亡くされた経験をもとに、順天堂がん治療センターの心理士として緩和ケアに携わりながら、家族を亡くした親子を支える場として「The Egg Tree House」を設立した、とても行動力のある方でした。

お葬式は新型コロナ感染症対策をしっかりして、3蜜を避けるために式時間を長く取り、分散弔問をしていただきました。心理士になる前の学生時代からのご友人や、学習塾を開いていた時の仲間、塾生。順天堂での医療関係者、遺族の方々、上智大学グリーフケア研究所をはじめとするグリーフケアを通じた多くの仲間がお別れに集まりました。

この本の完成を、まずは西尾さんに報告させていただきます。

西尾さんに出会わなければ、私のグリーフサポートの実践は、葬儀社側からの独りよががりになっていたかもしれません。葬祭師とは異なる立場で、グリーフサポートを必要とするご家族との触れ合いの機会を与えてくださり、本当にありがとうございました。

また、数々のエピソードを掲載するにあたり、確認のお電話や実際にお会いしてお話をさせていただいた際、当時のお気持ちが溢れてしまい頬を濡らされた方も、最後には「文章化に問題はありません、写真もお使いください」と快くおっしゃってくださいました。本来ならば家族だけの思い出としてそっと胸に閉まっておきたかったこともあったでしょう。でも、この先に看取りとおくりを控えている方々へのアドバイスとして掲載させていただきました。本当にありがとうございました。

そして、医療と介護について、地域を中心に大勢の仲間で発信するための活動をしている「むさしウェルビーイング協会」のみなさま。小金井の医療介護を語らう森田会のみなさま。そして訪問医療の最前線で在宅での丁寧な看取りをされている医師や訪問看護師のみなさま。社会福祉協議会や地域包括センターのスタッフさん、そして多くのケアマネージャーさんや民生委員のみなさん。みなさまとともに地域で丁寧な看取りからおくり、供養に繋げて、地域社会の絆を深めていくこれらの活動のお話は、また別の機会にご紹介したいと思っております。今度ともどうぞよろしくお願い致します。

本書を執筆するにあたってご尽力くださった扶桑社の秋山さん、村田さん。構成にお力添えを頂戴した遠藤さん、小林さん。デザインをしてくれた勝浦さんはじめスタッフのみなさん。

本を出す勇気をくれた「是枝つぐとのおみおくり百科」のパーソナリティ髙橋麻美アナウンサーとスタッフのみなさん。

弊社内で文章チェックからマネージメントまで私をサポートしてくれている営業部・業務部の長縄紀代香部長。いつも後方支援してくれる総務部の青木直人統括部長、大井さん。現場を安心して任せられる宮脇さん、萩原さん、小野さん、渡辺さん、藤田さん、永易さんはじめスタッフのみなさん。いつもお客様に丁寧に対応してくれる、めぐるスタッフの加藤さん。クローバーホーム川上で安心してご家族がお別れできる環境を整えてくれている幸子さん、正美さん。よそのお父さんのようになかなか一緒に過ごせないけれど、いつも笑顔で迎えてくれる子どもたち。

そして仕事に没頭する私を公私ともに支えてくれる最愛のパートナーなっちゃん。すべてのみなさまに心より感謝申し上げます。こうして、本書を執筆することができましたのは、グリーフサポートを基軸に葬送文化を次の世代に残したいという想いに共鳴してくださったみなさまのお力添えのおかげでございます。本当にありがとうございました。

クローバーグループ代表
小金井祭典　是枝嗣人

ブックデザイン	勝浦悠介
ＤＴＰ	生田敦
イラスト	cali boya
企画・構成協力	小林臣一（スタイル・エッジ）
	長縄紀代香（小金井祭典）
構成	遠藤光太
校正	長澤徹
編集	村田孔明　秋山純一郎（扶桑社）

是枝嗣人（これえだ・つぐと）
1979年、東京都出身。立正大学仏教学部仏教学科卒業。学生時代から葬祭業に携わり始め、2007年に「小金井祭典株式会社」を設立。以来、当事者の気持ちに寄り添いながら数々の「唯一無二のお葬式」をコーディネートしてきた。また、葬儀社を営みながら東京大学の市民講座に通い、グリーフケアの専門家としても活動を開始。2011年からは「めぐる」というサロンを小金井市に設立。地域住民にとって、お葬式にとどまらず、遺品整理やグリーフサポートなどなんでも相談できるライフサポートの場になっている。

大切な人が亡くなる前に知っておきたい葬儀の本当のハナシ
日本一笑顔になれるお葬式
発行日　2021年８月31日　初版第１刷発行

著者　是枝嗣人
発行者　久保田榮一
発行所　株式会社 扶桑社
〒105-8070
東京都港区芝浦1-1-1　浜松町ビルディング
電話　03-6368-8875（編集）　03-6368-8891（郵便室）
www.fusosha.co.jp

印刷・製本　加藤文明社

ISBN 978-4-594-08824-8